Langenscheidt
Praxiswörterbücher

Langenscheidt
Praxiswörterbuch Gastronomie Italienisch

Italienisch–Deutsch
Deutsch–Italienisch

von Dott.ssa Daniela Malagodi Ingala
und Dr. Fritz Kerndter

Langenscheidt

Berlin · München · Wien · Zürich · New York

Bibliografische Information Der Deutschen Bibliothek
Die Deutsche Bibliothek verzeichnet diese Publikation in der Deutschen Nationalbibliografie; detaillierte bibliografische Daten sind im Internet über http://dnb.ddb.de abrufbar.

ISBN 3-86117-209-7

1. Auflage 2005

Printed in Germany
Druck: Druckhaus Langenscheidt, Berlin

Vorwort

Die italienische Gastronomie ist ein wesentlicher Teil der Kultur und Tradition Italiens und wird von den Italienern als solche empfunden und gepflegt. Eine Vielfalt der Landschaften und als Folge eine Vielfalt der Produkte und Gerichte, eine bewegte Geschichte mit vielen verschiedenen Herrschaftsformen und fremden Einflüssen, die sich auch auf die Gastronomie ausgewirkt haben, eine erst spät erreichte Einheit – all diese Faktoren erklären den Reichtum der italienischen Küche.

Wie alle Bereiche des menschlichen Schaffens spiegelt die italienische Küche die historischen Epochen wider. In der glanzvollen Zeit der Renaissance, als Italien auf vielen Gebieten und besonders in den Künsten als Vorbild für andere Länder galt, wurden etliche wichtige Anregungen von den reichen italienischen Fürstenhöfen, insbesondere der Medici und der Sforza, im Ausland, wie z. B. in Frankreich – 1533 reiste Katharina von Medici von Florenz nach Paris und brachte in ihrem Gefolge berühmte Köche mit – mit Begeisterung aufgenommen und rasch eingebürgert. In Krisenzeiten, wie beispielsweise in der ersten Hälfte des 17. Jahrhunderts, als Armut, Krankheiten und Unterdrückung das Leben vieler Bewohner Italiens prägten, erlebte die Kochkunst, wie Vieles andere, einen deutlichen Niedergang.

Italien war bis 1861 in viele Länder aufgeteilt, die ihre eigene Geschichte sowie eigene gastronomische Traditionen hatten. Nach der Einheit hat sich die Vielfalt der italienischen Gastronomie gezeigt, die sehr stark regional geprägt ist. Z. B. ist Butter beim Kochen und für die Verfeinerung der Speisen traditionsgemäß in Norditalien sehr beliebt; nur aus gesundheitlichen Gründen wurde sie in den letzten Jahren durch Olivenöl teilweise verdrängt, während dieses Öl weiterhin, wie seit eh und je die italienische Küche in Süditalien beherrscht. Winzige Dörfer wie die größten Städte haben durch die Jahrhunderte besondere Gerichte und Produkte überliefert, die heutzutage in ganz Italien und in vielen Ländern geschätzt werden: viele Gemüse-, Obst- und Käsesorten, Nudeln und Nudelsoßen, Pizza, Schinken, Aufschnittwaren, Olivenölsorten, Weine, Aperitifs, Liköre, Destillate, Essigsorten, Nachspeisen und Vieles mehr. Zwar wird heute, im Zeitalter des fast weltweiten Warenaustauschs, auch in Italien mit neuen Produkten und Rezepten sehr viel experimentiert, doch die klassischen, traditionsgemäß zubereiteten Gerichte aus den italienischen Landschaften werden nach wie vor mit Leidenschaft weiter gepflegt.

Das vorliegende Wörterbuch ist als Hilfe für fachsprachlich interessierte Nutzer im Bereich der Gastronomie, für Lehrende und Studenten fachrelevanter Schulen in verschiedenen Ländern, für Fachjournalisten und ggf. auch für Übersetzer gedacht, die in ihrer Arbeit mit Terminologieproblemen im Bereich „Küche und Restaurationswesen“ konfrontiert sind. Die Konzeption der „Praxiswörterbücher“ des Langenscheidt Fachverlags verlangt allerdings bewusst eine Einschränkung des Umfangs, so dass das vorliegende Wörterbuch möglicherweise manche hoch technischen Begriffe nicht enthält.

In dieser Wortsammlung wird versucht, dem Leser, der ja auch in den deutschsprachigen Ländern vielfach mit der italienischen Küche und dem Gaststättenwesen in Berührung kommt, die sprachlichen Mittel zur Verfügung zu stellen, die ein weiteres Eindringen und eigene Recherchen auf diesem fast unendlichen Gebiet vereinfachen können. Wenn etliche inzwischen international bekannte und entsprechend beliebt gewordene Gerichte aufgeführt sind, so bedürfte es allerdings eines Vielfachen des gegebenen Umfangs des Wörterbuches, um den ganzen Reichtum der Speisenpalette zwischen Aosta und Siracusa, zwischen Trieste und Cagliari zu erfassen . . .

Die gleiche notwendige Beschränkung zeigt sich auch im Hinblick auf eine Darstellung der Vielfalt der italienischen Weine, der in Italien üblichen Traubensorten und mancher italienischer Besonderheiten der Kellerwirtschaft und der Önologie, oder eine vollständigere Auflistung der italienischen Spirituosen.

Das Wörterbuch ist nicht für generelle Anfänger in der einen wie in der anderen Sprache konzipiert. Allgemeiner Wortschatz, der in der Regel schon in den ersten 1–2 Jahren Fremdsprachenunterricht erlernt wird, ist nur dann im Einzelfall aufgenommen, wenn ein Wort gleichzeitig das Grundelement für wichtige Wortableitungen und Zusammensetzungen darstellt (vgl. die Einträge zu Butter / burro, Käse / formaggio u. a.). Weggelassen wurden in fast allen Fällen Wörter, deren Schreibweise und Bedeutung in beiden Sprachen identisch oder sehr ähnlich ist.

Im engeren Sinn fachtechnische Begriffe finden sich wenige im Bereich der Geräteausstattung moderner Großküchen. Hier findet der Benutzer im Zweifelsfall präzisere Bezeichnungen in Wörterbüchern für Gerätebau, Wärme- oder Elektrotechnik; einschlägige Fachbeschreibungen und Bedienungsanleitungen sind auch für den „Nur-Gastronomen“, d. h. den guten Küchenchef, oft nur schwer lesbar. Anders verhält es sich mit einem Minimum an Warenkunde, vor allem bei Fleisch und Fleischprodukten: Hier muss der Koch sich ggf. beim Einkauf mit Fachleuten des Fleischerhandwerks auseinander setzen, die mit anderen Begriffen und Bezeichnungen operieren, als sie später für das fertige Gericht auf der Speisekarte stehen. Auch hier bedingt im Übrigen die unendliche Vielfalt regionaler Bezeichnungen die notwendige Einschränkung des Vokabulars. Der in der Praxis Stehende wird selbst aufmerksam den Sprachgebrauch im jeweiligen Bereich verfolgen und sich die Varianten ggf. durch eigene Notizen einprägen.

Unabdingbar ist für den Nutzer des Wörterbuchs die Kenntnis der Wort- und Begriffsbildungsregeln im Deutschen und im Italienischen; sie erlaubt mit etwas Umsicht, Kombinationsgabe und Phantasie eine fast unendliche Ausweitung des Wortbestands, ausgehend von den im Wörterbuch selbst gegebenen Grundkomponenten. Die Kenntnis der Bedeutung einiger Präfixe und Suffixe im Deutschen (ab-, auf-, ent-; -bar, -los u. a.) und im Italienischen (de-, in-, ri-; -bile; -ino, -tore oder -trice) führt schnell ebenso zur Wortschatzerweiterung wie die richtige

Verwendung einiger Präpositionen (fettina *di* vitello, carne *da* brodo, mousse *al* cioccolato) oder die Befolgung der Regel, dass im Deutschen zusammengesetzte Substantive ihre jeweils weitere Präzisierung durch die Voranstellung des verdeutlichenden Elements erhalten (Kessel, Stahlkessel, Edelstahlkessel; Salat, Fleischsalat, Rindfleischsalat; Öl, Kernöl, Nusskernöl, Walnusskernöl u. a.).

Die Autoren danken dem Langenscheidt Fachverlag für die Manuskriptbearbeitung und für die Betreuung bei der Gestaltung dieses Wörterbuches.

Autoren und Verlag sind allen Benutzern für Vorschläge und Ergänzungen zur weiteren Verbesserung dieser Wortsammlung dankbar.

Diese sind an den Langenscheidt Fachverlag GmbH, Postfach 40 11 20, D-80711 München, zu senden.

Dott.ssa Daniela Malagodi Ingala
Dr. Fritz Kerndter

Benutzungshinweise

1. Beispiele für die alphabetische Ordnung

frumento
frusta per montare
frutta
frutta con nocciolo
frutta con semi
frutta cotta
frutta secca
frutta sotto spirito
fruttato
frutti canditi
frutti di mare
frutti glassati
frutto

granita
grano ... • a grani ...
grano d'orzo mondato
grano duro
grano macinato grosso
grano saraceno
granoturco
granulare
granuloso

Fond
Fondantmasse
Forelle
Form ... • aus der Form nehmen ...
• eine Form auslegen ...
formen
Frankfurter Würstchen
freilegen
Frikassee
Frikassee mit weißer Soße
frisch
Frische
Frischling

Teig
Teig/ausgerollter
Teigausstecher
Teighülle/gefüllte
Teigmantel/im
Teigwaren
Teil
teilen
Teller
Teller/flacher
Teller/tiefer
Tellergericht

2. Bedeutung der Zeichen

/ abdecken/mit Klarsichtfolie = mit Klarsichtfolie abdecken

( ) bocchetta (decorativa) a stella = bocchetta a stella *oder* bocchetta decorativa a stella

( ) Kursive Klammern enthalten Erklärungen

• kennzeichnet Wendungen

3. Abkürzungen

Abk.	Abkürzung
bzw.	beziehungsweise
ca.	circa, zirka
etw.	etwas
f	Femininum
m	Maskulinum
n	Neutrum
pl	Plural
qc	qualcosa / etwas
qn	qualcuno / jemanden
s.	siehe
u. a.	und andere
v	Verb
z. B.	zum Beispiel

Italienisch–Deutsch

A

abbacchio *m s.* agnello da latte
abbassare *v* senken, niedriger stellen
abbinato zusammengestellt
abbrustolire *v* rösten *(Brot)*
acacia *f* Akazie *f*
accendere *v* anzünden
accento *m* Akzent *m*, Note *f*
accentuato ausgeprägt
accetta *f* Hackbeil *n*
acciaio *m* **inossidabile, acciaio** *m* **inox** Edelstahl *m*
acciaiolo *m* Wetzstahl *m*
acciuga *f* Anchovis *m*, Sardelle *f*
accoglienza *f* Empfang *m*
accogliere *v* empfangen
accompagnare *v* begleiten
accostamento *m* Zusammenstellung *f*
accostare *v* zusammenstellen, zusammensetzen
acerbo grün *(Obst)*
acero *m* Ahorn *m*
aceto *m* Essig *m*
aceto *m* **balsamico** Balsamessig *m*
aceto *m* **di vino** Weinessig *m*
acetosa *f* Sauerampfer *m (verschiedene Rumex-Arten, als Gewürz und Gemüse)*
acidità *f* Säure *f*
acido sauer
acidulo säuerlich
acino *m* Beere *f (Trauben)*
acqua *f* Wasser *n*
acqua *f* **di cottura** Kochwasser *n*
acqua *f* **ghiacciata** Eiswasser *n*
acqua *f* **minerale frizzante** Sprudel *m*, Sprudelwasser *n*
acquavite *f* Schnaps *m*, Trinkalkohol *m*
acquavite *f* **di ciliegie** Kirschwasser *n*
acquavite *f* **di frutta** Obstler *m*
acquavite *f* **di ginepro** Wacholder *m*, Wacholdergeist *m*
acquavite *f* **di grano** Kornschnaps *m*
acquavite *f* **di pere** Birnengeist *m*
acquistare *v* einkaufen, kaufen
acquisto *m* Einkauf *m*, Kauf *m*
acre herb
addensare *v* 1. eindicken, einkochen; 2. binden
additivo *m* Zusatz(stoff) *m*
aderire *v* kleben
aerare *v* lüften, entlüften
aerazione *f* Lüftung *f*, Entlüftung *f*
affettare *v* 1. in Scheiben schneiden, aufschneiden; 2. hobeln
affettati *mpl* Aufschnittware *f*
affettatore *m (Gerät, um Käse oder andere weiche Speisen zu schneiden)* Harfe *f*
affettatrice *f* Aufschnittmaschine *f*, Feinschneider *m*
affettaverdure *m* Hobel *m*, Mandoline *f*, Gemüsehobel *m*
affilare *v* schärfen, schleifen; abziehen *(Messer)*
affilato scharf
affilatrice *f* Schleifmaschine *f*, Messerschleifer *m (für Geräte)*
affinamento *m* Veredelung *f*, Verfeinerung *f*
affinare *v* veredeln, verfeinern
affogare *v* pochieren, garziehen
affogato *m* **al caffè** Eiskaffee *m*
affumicare *v* räuchern
affumicato geräuchert, Rauch..., Räucher...
affumicatura *f* Räuchern *n*
aggiungere *v* dazugeben, zusetzen
aggiungere *v* **mescolando** beimengen, einrühren, unterziehen
aggiunta di miele/con mit Honig versetzt
aggiuntivo zusätzlich
agglutinante *m* Bindemittel *n*
agitare *v* schütteln
aglio *m* Knoblauch *m*
aglio *m* **di Spagna, aglio** *m* **romano** Perlzwiebel *f*
agnello *m* Lamm *n*
agnello *m* **da latte** Milchlamm *n*
agnello *m* **pasquale** Osterlamm *n*
ago *m* Nadel *f*
ago *m* **per lardare** Spicknadel *f*
agriturismo *m Ferien auf dem Bauernhof*
agrodolce süßsauer
agrume *m* Zitrusfrucht *f*
aiuto *m* Hilfe *f* • **con l'aiuto di** mit Hilfe von
aiuto *m* **cucina** Küchengehilfe *m*
aiutocuoco *m* Hilfskoch *m*
ala *f* Flügel *m*
albicocca *f* Aprikose *f*
albume *m* Eiweiß *n*, Eiklar *n*
albumi *mpl* **montati a neve** Eischnee *m*
alchermes *m roter, leichter, süßer Kräuterlikör, heute nur noch für die Zubereitung von Nachspeisen verwendet*

alcool *m* Alkohol *m*
alga *f* Alge *f*
alice *f s.* acciuga
alimentare Nahrungs..., Ernährungs...
alimentazione *f* Ernährung *f*
alimento *m* Lebensmittel *n*, Nahrungsmittel *n*
alleggerire *v* lockern *(Teig)*
allevamento *m* Züchtung *f*, Zucht *f* • **da allevamento** Zucht...
allevare *v* züchten
alloro *m* Lorbeer *m*
allungabile dehnbar
allungamento Verlängerung *f (Tisch)*
allungare *v* 1. verdünnen; 2. verlängern *(Tisch)*
allungato länglich
alosa *f* Alse *f*, Maifisch *m (Alosa alosa)*
altea *f* Eibisch *m (Althaea officinalis)*
alternativamente abwechselnd
amarena *f* Sauerkirsche *f*, Schattenmorelle *f*
amaretto *m* 1. Amaretto-Likör *m*; 2. Mandelmakronen *fpl*
amaro bitter
amaro *m* Kräuterlikör *m*
amato beliebt
amatriciana/all' *traditionelle Pastasoße aus Schweinespeck, Tomaten, Zwiebeln, Chili und geriebenem Pecorino aus Latium*
amido *m* Stärke *f*
amministratore *m* **della cantina** Kellerverwalter *m*
ammollare *v* einweichen, wässern
ammollo *m* Wässern *n*
ammorbidirsi *v s.* diventare tenero
ammucchiare *v* stapeln
ammuffire *v* beschlagen, schimmeln
analcolico alkoholfrei
anatra *f* Ente *f*
anatra *f* **maschio** Erpel *m*
anatra *f* **selvatica** Wildente *f*, Flugente *f*
anca *f* Hüfte *f*
andare *v* **a male** verfaulen
anello *m* Ring *m* • **a forma di anello, ad anello** ringförmig *(Wurst)*
aneto *m* Dill *m*
angelica *f* Engelwurz *f (Angelica archangelica)*
anguilla *f* Aal *m*
anguilla *f* **di mare** Seeaal *m*
anguria *f s.* cocomero
anice *m* Anis *m (Pimpinella anisum)*
anice *m* **stellato** Sternanis *m (Illicium verum)*
anicino *m* Anisplätzchen *n*
anidride *f* **carbonica** Kohlensäure *f*
animale *m* Tier *n* • **di animali** Tier..., tierisch
animella *f* Bries *n*
animella *f* **di vitello** Kalbsbries *n*
annaffiare *v* begießen
annata *f* Jahrgang *m (Wein)* • **con indicazione dell'annata** mit Jahrgangsangabe
annotare *v* aufschreiben, notieren
annullare *v* absagen
annunciatore *m* Ansager *m*
ansa *f* Henkel *m*
antipasto *m* Vorspeise *f*
antipasto *m* **di mare** Vorspeise *f* aus Meeresfrüchten
antipasto *m* **misto** gemischte Vorspeise *f*
aperitivo *m* Aperitif *m*
aperitivo *m* **della casa** Aperitif *m* des Hauses
appannarsi *v* beschlagen
apparecchiare *v* decken
apparecchiare *v* **la tavola** den Tisch decken
apparecchio *m* Apparat *m*
appendere *v* aufhängen
appetito *m* Appetit *m*
appetitoso appetitlich
appianare *v* abflachen
appiattire *v* flach schlagen
appiccicare *v* kleben
apprendista *m* **cuoco** Küchenjunge *m*
apprezzare *v* schätzen
apprezzato geschätzt
approntare *v* bereitstellen
approvvigionamento *m* Belieferung *f*
approvvigionare *v* beliefern
apribottiglie *m* Flaschenöffner *m*
aprire *v* **tagliando** aufschneiden, zerschneiden
apriscatole *m* Dosenöffner *m*
arachide *f* Erdnuss *f*
aragosta *f* Languste *f (Palinurus vulgaris)*
arancia *f* Apfelsine *f*, Orange *f*
arancia *f* **amara** Pomeranze *f*
argento *m* Silber *n*
aria *f* Luft *f*
aria *f* **condizionata** Klimaanlage *f*
arieggiare *v* lüften, entlüften
aringa *f* Hering *m (Clupea harengus)*

aringa *f* **fritta** Brathering *m*
aringa *f* **marinata** Matjeshering *m*
arista *f* **alla fiorentina** *Schweinebraten nach florentinischer Art, meist mit Bohnen als Beilage*
armadio *m* **a muro** Wandschrank *m*
armadio *m* **essiccatore** Trockenschrank *m*
armadio *m* **riscaldato** Wärmeschrank *m*
armonico ausgeglichen
aroma *m* Aroma *n*
aromatico aromatisch, wohlriechend
arricchire *v* anreichern
arrostire *v* braten, garen, rösten
arrosto *m* Braten *m*
arrosto *m* **lardellato** *s.* fricandeau lardellato
arrotolare *v* einrollen, zusammenrollen
artificiale künstlich
asciugamano *m* Handtuch *n*
asciugare *v* trocknen, austrocknen
asciugarsi *v* austrocknen
asciutto trocken
asparago *m* Spargel *m*
aspettare *v* warten
aspic *m* Aspik *n*, Gallerte *f*
aspic *m* **in fogli** Blattaspik *n*
asprezza *f* Herbe *f*, Säure *f*
asprigno säuerlich
aspro herb
assaggiare *v* 1. abschmecken; 2. kosten, probieren, verkosten
assaggio *m* **del vino** Weinprobe *f*
assaporare *v s.* assaggiare 2.
asse *f s.* tavola 2.
assorbire *v* aufnehmen, aufsaugen
assortimento *m* 1. Mischung *f*; 2. *s.* accostamento
assortire *v s.* accostare
assortito *s.* abbinato
astice *m* Hummer *m*
attaccare *v* 1. kleben; 2. *s.* appendere
attaccarsi *v* anbrennen *(sich ansetzen)*
attendere *v* warten
attenzione/con sorgfältig
attesa *f* Wartezeit *f*
attrezzo *m* Gerät *n*
autoclave *f* Druckkochkessel *m*
avanzi *mpl* 1. Reste *mpl*; 2. Abfälle *mpl* *(z. B. Fleisch)*
avena *f* Hafer *m*
avere *v* **bisogno di** brauchen, benötigen
avocado *m* Avocado *m*
avvolgere *v* einwickeln, einschlagen, umhüllen, zusammenrollen, tourieren
avvolgere *v* **con lo spago** mit Bindfaden umwickeln, abbinden
avvolgere *v* **nella pellicola trasparente** in Klarsichtfolie einhüllen

B

babà *m pilzförmiges Hefeteiggebäck, mit Rum oder Sirup getränkt und mit Rosinen versetzt (Neapel)*
bacca *f* Beere *f*
bacca *f* **di ginepro** Wacholderbeere *f*, Wacholderperle *f*
baccalà *m* Stockfisch *m*, Klippfisch *m*
baccello *m* Schote *f*, Hülse *f*
baccello *m* **di vaniglia** Vanilleschote *f*
baci *mpl* **di dama** *mürbes Gebäck aus zwei zusammengesetzten Halbkugeln, mit Schokolade gefüllt (wörtlich „Damenküsse“, aus Piemont)*
bacinella *f* Edelstahlkessel *m*
bacon *m* Bauchspeck *m*, durchwachsener Speck *m*
bagnomaria *m* 1. Wasserbad *n*; 2. Wasserbadkasserolle *f*
bambù *m* Bambus *m*
banco *m* **refrigerato** Kühltheke *f*
barattolo *m* Dose *f*
barbabietola *f* Beete *f*, Bete *f*
barbabietola *f* **rossa** rote Bete *f*
barbaforte *m s.* cren
barbecue *m* Grill *m*
barbio *m*, **barbo** *m* **comune** Barbe *f* *(Barbus barbus, Süßwasserfisch)*
barchetta *f* Schiffchen *n*
barista *m* Barkeeper *m*
barretta *f* Riegel *m*
base *f* 1. Untersatz *m*; 2. Grundlage *f*
• **sulla base di, in base a** auf der Grundlage von
basilico *m* Basilikum *n*
basso niedrig
bastoncino *m* 1. Stäbchen *n*, Stängchen *n*; 2. Stiel *m* *(Eis)*
bastoncino *m* **di pesce** Fischstäbchen *n*
bastoncino *m* **di vaniglia** Vanillestange *f*
bastone *m* Stangenbrot *n*
battere *v* 1. schlagen, verquirlen; 2. klopfen *(Fleisch)*
batticarne *m* Fleischklopfer *m*

bavarese *f* bayerische Creme *f*
beccaccia *f* Schnepfe *f*
becco *m* 1. Schnabel *m*; 2. *s.* beccuccio 2.
beccuccio *m* 1. Ausguss *m*; 2. Tülle *f* *(Kaffeekanne, Teekanne)*
bene/per gründlich
bere *v* trinken
bianco weiß
bianco *m* **d'uovo** Eiweiß *n*, Eiklar *n*
bibita *f* Getränk *n*
bicchiere *m* Glas *n*
bicchierino *m* Gläschen *n*
bicchierino *m* **da liquore** Likörgläschen *n*
bidone *m* Eimer *m*
bidone *m* **dell'immondizia, bidone** *m* **della spazzatura** Mülleimer *m*, Mülltonne *f*
bietola *f* Mangold *m*
bietola *f* **da taglio** *s.* erbette
bignè *m* **alla crema** (gefüllter) Windbeutel *m*
bilancia *f* Waage *f*
birra *f* Bier *n*
birreria *f* **all'aperto** *m* Biergarten *m*
biscotti *mpl* **al formaggio** Käsegebäck *n*
biscotto *m* Keks *m*, Plätzchen *n*
biscotto *m* **al burro** Butterkeks *m*
bistecca *f* Beefsteak *n*
bistecca *f* **alla fiorentina** T-Bone-Steak *n*
bocca *f* Maul *n (von Tieren)*; Mund *m*
boccale *m* Krug *m*
bocchetta *f* **(decorativa) a stella** Sterntülle *f (für den Spritzbeutel)*
bocconcino *m* Appetithäppchen *n*
boccone *m* Bissen *m*
boccone *m* **appetitoso** *s.* bocconcino
bolla *f* Blase *f*
bollente heiß
bollire *v* sieden • **far bollire** aufkochen, sieden
bollito *m* Suppenfleisch *n*
bollitore *m* **rovesciabile** Kippkochkessel *m*
bombolone *m* Berliner Pfannkuchen *m*
bordo *m* Gießrand *m*, Rand *m*
borragine *f*, **borrana** *f* Borretsch *m* *(Borrago officinalis)*
borsa *f* Beutel *m*
botte *f* Fass *n*
bottiglia *f* Flasche *f*
bouquet *m* Blume *f (Wein)*; Bukett *n* *(Wein)*
bovino *m* Rind *n*
braciola *f* Karbonade *f (Schwein)*
branzino *m* Seebarsch *m*, Wolfsbarsch *m* *(Dicentrarchus labrax, Meeresfisch)*
brasare *v* schmoren
brasato *m* Schmorbraten *m*
bresaola *f Aufschnittware aus gesalzenem und getrocknetem Rindfleisch aus Veltlin (Lombardei), die nature als Schinken oder mit Zitronensaft, Olivenöl und wenig Pfeffer serviert wird*
bretzel *m* Brezel *f*
bricco *m* **del caffè** Kaffeekanne *f*
briciola *f* Krume *f*
briciolina *f* Krümel *m*
brioche *f s.* cornetto
brocca *f* Krug *m*
brodo *m* Bouillon *f*, Brühe *f*
brodo *m* **di carne** Fleischbrühe *f*
brodo *m* **di pollo** Hühnerbrühe *f*
brodo *m* **di verdura** Gemüsebrühe *f*
brodo *m* **granulare** körnige Brühe *f*
brodo *m* **ristretto** Kraftbrühe *f*
brodo *m* **vegetale** *s.* brodo di verdura
bruciare *v* brennen
bruciatore *m* Brenner *m*
bruciatura *f* Verbrennung *f*
bruschetta *f geröstete Brotscheibe, mit Knoblauch bestrichen und mit Olivenöl beträufelt (ursprünglich aus Latium)*
buccia *f* Schale *f (Obst)*
budino *m* Pudding *m*, Sturzcreme *f*
bue *m* Ochse *m*
buongustaio *m* Feinschmecker *m*
burriera *f* Butterdose *f*
burro *m* Butter *f*
burro *m* **chiarificato** geklärte Butter *f*
burro *m* **concentrato** Butterschmalz *n*, Butterfett *n*
burro *m* **di arachidi** Erdnussbutter *f*
burro *m* **fuso** zerlassene Butter *f*
burro *m* **lavorato a freddo** Mehlbutter *f*
bustina *f* Beutel *m (Tee)*
buttare *v* **via** *s.* gettare via

C

cacao *m* Kakao *m*
cacciatore *m luftgetrocknete, kleine Salami aus Schweinefleisch*
cacio *m* Käse *m*

caciotta *f frischer oder halbgereifter Schafskäse, in ganz Italien verbreitet*
caffè *m* Kaffee *m*
caffè *m* **corretto** *Espresso mit einem Schuss Grappa oder seltener Likör oder Weinbrand*
caffè *m* **decaffeinato** koffeinfreier Kaffee *m*
caffè *m* **doppio** *doppelter Espresso (genau so stark wie der normale Espresso)*
caffè *m* **freddo** *eisgekühlter Espresso*
caffè *m* **lungo** *verlängerter Espresso (mit mehr Wasser)*
caffè *m* **macchiato** *mit geschäumter Milch „gefleckter" Espresso, wie ein kleiner Cappuccino, in Espressotassen serviert*
caffè *m* **ristretto** *gekürzter Espresso (mit weniger Wasser)*
caffè *m* **shakerato** *mit Eis im Shaker geschüttelter Espresso, in einem Glas serviert*
caffellatte *m warme Milch und Kaffee zum Frühstück*
caffettiera *f s.* moka
caffettiera *f* **elettrica** elektrische Espresso-Kanne *f*
caglio *m* Lab *n*
calamaro *m* Kalmar *m (Loligo vulgaris)*
calcolare *v* berechnen, einschätzen
calcolo *m* Berechnung *f*, Rechnung *f*
caldo warm
calice *m* Becher *m*, Kelchglas *n*
calore *m* Hitze *f*, Wärme
calore *m* **del forno** Backhitze *f*
calzoni *mpl* Hose *f*
cameriera *f* Kellnerin *f*
cameriere *m* Kellner *m*
cameriere *m* **di reparto** Abteilungskellner *m*
camomilla *f* Kamille *f*
camoscio *m* Gämse *f*
campagna *f* Land *n* • **di campagna** Land...
campagnolo ländlich *(einfach)*
campana *f* **coprivivande** Glocke *f*
candeliere *m* Kerzenhalter *m*
candire *v* kandieren
canederlo *m* Knödel *m (aus Brot, Eiern usw.)*; Semmelknödel *m*
cannella *f* Zimt *m*
cannello *m* Flammgerät *n*, Flambierbrenner *m*, Flämmpistole *f*
cannelloni *mpl* **ripieni** *mit Fleisch, Ricotta usw. gefüllte und gebackene Teigrollen*
cannolo *m* **siciliano** *Teigröllchen mit einer Füllung aus Ricotta, kandierten Früchten, Schokolade und Pistazien, mit Puderzucker bestreut (typisch von Sizilien)*
cannuccia *f* Strohhalm *m*, Trinkhalm *m*
cantarello *m* Pfifferling *m*, Eierschwamm *m (Cantharellus cibarius)*
cantina *f* 1. Keller *m*; 2. Weinkeller *m*, Kellerei *f*
cantucci *mpl*, **cantuccini** *mpl Mandelkekse aus der Toskana*
capasanta *f* Jakobsmuschel *f (verschiedene Arten von Pecten und Chlamys)*
capelli *mpl* **d'angelo** Fadennudel *f*
capezzolo *m* Zitze *f (Tiere)*
capo *m* **cantiniere** Kellermeister *m*
capocameriere *m* Oberkellner *m*
capocuoco *m* Küchenchef *m*
capovolgere *v* kippen
cappa *f* Abzugshaube *f*
cappello *m* **da cuoco** Kochmütze *f*
cappero *m* Kaper *f*
cappone *m* 1. Kapaun *m*; 2. Knurrhahn *m (Seefisch)*
cappuccino *m Frühstücksgetränk aus Espresso und schaumiger Milch, oft mit Kakaopulver bestreut (wörtlich: Kapuziner wegen der Farbe)*
capra *f* Ziege *f*
caprese *f Salat aus Mozzarella, Tomaten und Basilikum, mit Olivenöl verfeinert (der Name kommt aus Capri, der berühmten Insel Kampaniens)*
caprettino *m* Zicklein *n*, Ziegenkitz *n*
caprino *m* Ziegenkäse *m*
capriolo *m* Reh *n*
caraffa *f* Karaffe *f*
caramella *f* Süßigkeit *f*, Bonbon *n*
caramellare *v* bräunen *(Zucker)*; karamellisieren
caramello *m* Karamell *n*
carapace *m* Panzer *m (Schutzhülle der Krustentiere)*
caratteristica *f* Eigenschaft *f*
carbonara/alla *traditionelle Pastasoße aus gebratenen Speckwürfeln, rohen Eiern, geriebenem Pecorino, Parmesan und Pfeffer*
carbonizzarsi *v* verkohlen
carcassa *f* Carcasse *f*

carciofo *m* Artischocke *f*
carne *f* Fleisch *n*
carne *f* **bovina** Rindfleisch *n*, Rind *n*
carne *f* **da brodo** *s.* bollito
carne *f* **da lesso** Siedfleisch *n*, Kochfleisch *n*
carne *f* **di capriolo** Rehfleisch *n*
carne *f* **di maiale** Schweinefleisch *n*
carne *f* **di manzo** *s.* carne bovina
carne *f* **di vitello** Kalbfleisch *n*
carne *f* **salmistrata** Pökelfleisch *f*
carne *f* **trita** Hackfleisch *n*, Gehacktes *n*
caro teuer
carota *f* Karotte *f*, Möhre *f*, gelbe Rübe *f*
carpa *f* Karpfen *m*
carrello *m* Wagen *m*
carrello *m* **dei dessert** Dessertwagen *m*
carrello *m* **dei formaggi** Käsewagen *m*
carrello *m* **portastoviglie** Geschirrtransportwagen *m*
carrello *m* **portavassoi** Tablettwagen *m*
carrello *m* **riscaldato** Wärmewagen *m*
carta *f* **da cucina** Küchenkrepp *m*, Küchenpapier *n*
carta *f* **da filtro** Filterpapier *n*, Papierfilter *m*
carta *f* **da forno** Backpapier *n*
cartilagine *f* Knorpel *m*
cartoccio/al in Folie
cascer koscher
casereccio Hausmacher...
cassata *f* **alla siciliana** *1. Sizilianischer Kuchen gefüllt mit Ricotta, Pistazien, Schokoladenstückchen und kandierten Früchten; 2. Eistorte mit kandierten Früchten und Schokoladenstückchen*
casseruola *f* Kasserolle *f*, Topf *m*, Tiegel *m*, Kochtopf *m*, Stieltopf *m*
cassettina *f* Kästchen *n*
cassetto *m* Schublade *f*
castagna *f* Esskastanie *f*, Kastanie *f*
cavatappi *m* Korkenzieher *m*
caviale *m* Kaviar *m*
cavo hohl
cavo *m* **di prolunga** Verlängerungskabel *n*
cavolfiore *m* Blumenkohl *m*
cavolino *m* **di Bruxelles** Rosenkohl *m*
cavolo *m* Kohl *m*, Kraut *n*
cavolo *m* **bianco** Weißkohl *m*
cavolo *m* **cinese, cavolo** *m* **petsai** Chinakohl *m*
cavolo *m* **rapa** Kohlrabi *m*
cavolo *m* **rosso** Rotkohl *m*
cavolo *m* **verde** Grünkohl *m*
cavolo *m* **verza** Wirsing *m*, Wirsingkohl *m* *(Brassica oleracea sabauda)*
cece *m* Kichererbse *f*
cella *f* **frigorifera** Kühlraum *m*
cena *f* Abendessen *n*
cena *f* **d'affari** Geschäftsessen *n*
cenare *v* zu Abend essen
centrale mittel..., Mittel... *(Lage)*
centrifuga *f* **per insalata** Salatschleuder *f*
centrifugare *v* schleudern
centro *m* Mitte *f*
ceppo *m* Hackblock *m*
ceppo *m* **coltelli** Messerblock *m*
ceramica/di Keramik...
cerbiatto *m* Hirschkalb *n*
cereali *mpl* Getreide *n*
cerfoglio *m* Kerbel *m*
certificazione *f* **d'origine controllata** Herkunftsnachweis *m*
cervella *f* Hirn *n*
cervellata *f* Zervelatwurst *f*, Schlackwurst *f*
cervo *m* Hirsch *m*
cesellare *v* ziselieren
cestino *m* **per friggitrice** Frittürekorb *m*
cesto *m* Korb *m*
cetriolo *m* Gurke *f*
cetriolo *m* **sott'aceto** Gewürzgurke *f*
champignon *m* Champignon *m*
chef *m* Küchenchef *m*
Chianti *m* Chianti *m* *(der bekannteste Wein Italiens; das große Anbaugebiet in der Toscana besteht aus sieben Anbauzonen. Der Chianti Classico stammt aus der Gegend zwischen Florenz und Siena.)*
chiara *f* *s.* bianco d'uovo
chiarificare *v* abklären
chiarificazione *f* Klärung *f*, Klären *n*
chiaro klar
chicco *m* Korn *n*
chicco *m* **d'uva passa** Korinthe *f*
chicco *m* **di caffè** Bohne *f*
chiodo *m* **di garofano** Gewürznelke *f*
ciabatta *f* *flaches Stangenbrot, mit Mehl leicht bestreut und leicht gesalzen, in der Form einer Pantoffel, wie der Name besagt*
cialda *f* Waffel *f*
cialdiera *f* Waffeleisen *n*
cicciolo *m* Griebe *f*

cicoria *f* **belga** Chicorée *m*
cicorino *m* Feldsalat *m*, Ackersalat *m*
ciliegia *f* Kirsche *f*
ciliegia *f* **selvatica** kleine wilde Kirsche *f*
cilindro *m* Rolle *f*, Walze *f*
cima *f* **alla genovese** gefüllte Kalbsbrust *f (Ligurien)*
cinghiale *m* Wildschwein *m*
cinghialetto *m* Frischling *m*
cioccolata *f* Schokolade *f* • **di cioccolata** Schokolade(n)..., schokolade(n)haltig
cioccolata *f* **calda** heiße Schokolade *f*; Kakao *m (Getränk)*
cioccolatino *m* **ripieno** sehr große Praline *f*
cioccolato *m s.* cioccolata • **al cioccolato** Schokolade(n)..., schokolade(n)haltig
ciotola *f* Schale *f*, Napf *m*, Schüssel *f*
cipolla *f* Zwiebel *f*
cipolla *f* **bianca** Frühlingszwiebel *f*, Silberzwiebel *f*
cipolla *f* **dolce** Gemüsezwiebel *f (i. a. rote Zwiebel aus Tropea, Kalabrien, IGP)*
circolazione *f* **del calore** Hitzekreislauf *m*
citronella *f* Zitronenmelisse *f*, Zitronenkraut *n*
clessidra *f* Sanduhr *f*
cliente *m* Kunde *m*
clientela *f* Kundschaft *f*
climatizzazione *f* Klimaanlage *f*
coagulare *v* gerinnen
coagulazione *f* Gerinnung *f*
cocomero *m* Wassermelone *f*
coda *f* Schwanz *m*
coda *f* **di bue** Ochsenschwanz *m*
cogliere *v* pflücken
colapasta Abtropfsieb *n*
colare *v* 1. durchseihen, seihen, sieben; 2. tropfen *(tropfenweise Flüssigkeit verlieren)*
colata *f* Guss *m*
colazione *f* 1. Frühstück *n*; 2. Mittagessen *n*
colazione *f*/**prima** Frühstück *n*
colino *m* **di rete metallica** Drahtsieb *n*
collo *m* Hals *m*, Nacken *m*
colomba *f* Taube *f*
colomba *f* **pasquale** *Osterkuchen in Taubenform, wie der Name besagt, mit Mandeln und Hagelzucker bestreut. Neue Varianten sind mit Creme gefüllt.*
colorante *m* Farbstoff *m*
colorante *m* **per alimenti** Lebensmittelfarbe *f*
colorare *v* färben
colorazione *f* Färbung *f*, Bräunung *f*
colore *m* Farbe *f*
colpo *m* Stoß *m*, Schlag *m*
coltello *m* Messer *n*
coltello *m* **a sega** Sägemesser *n*
coltello *m* **con pestacarne** Platiermesser *n*
coltello *m* **da prosciutto** Schinkenmesser *n*
coltello *m* **da verdura** Gemüsemesser *n*
coltello *m* **elettrico** elektrisches Messer *n*
coltello *m* **per cesellare** Ziseliermesser *n*
coltello *m* **per disossare** Ausbeinmesser *n*
coltello *m* **per pelare** Schälmesser *n*
coltello *m* **seghettato** Sägemesser *n*
coltello *m* **sfilettatore** Filiermesser *n*
colza *f* Raps *m*
combinare *v s.* accostare
combinazione *f s.* accostamento
compattezza *f* Festigkeit *f*
compatto fest, kernig
compera *f s.* acquisto
comperare *v s.* acquistare
comporre *v s.* accostare
composizione *f s.* accostamento
composta *f* **di frutta fredda** Kaltschale *f*
composto *m* Schaummasse *f (kremig oder schaumig)*
compressa *f* **dolcificante, compressa** *f* **edulcorante** Süßstofftablette *f*
comprimere *v* zusammendrücken
comune gewöhnlich
concentrato *m* Konzentrat *n*
concentrato *m* **di pomodoro** Tomatenmark *n*
conchiglia *f* Muschel *f*
concludere *v* beenden
condimento *m* Gewürz *n*, Würze *f*, Würzen *n (im Allgemeinen)*
condire *v* abschmecken, würzen, anmachen, anrichten
confettura *f* Konfitüre *f*
confezionare *v* verpacken
confezionato abgepackt
confezionato/non nicht abgepackt
confezione *f* Verpackung *f*
confrontare *v* vergleichen
confronto *m* Vergleich *m*
congelare *v* einfrieren
congelatore *m* Gefrierschrank *m*, Gefriertruhe *f*, Kühltruhe *f*, Tiefkühltruhe *f*

congro *m* Meeraal *m (Conger conger)*
coniglietto *m* **selvatico** junges Wildkaninchen *n*
coniglio *m* Kaninchen *n*, Hauskaninchen *n*
conosciuto beliebt
consegna *f* Ausgabe *f (Ware)*
conservabile haltbar
conservabilità *f* Haltbarkeit *f*
conservante *m* Konservierungsmittel *n*
conservare *v* aufbewahren, behalten, konservieren
conservare *v* **sott'aceto** in Essig einlegen
conservare *v* **sott'olio** in Öl einlegen
conservato eingemacht
consigliare *v* empfehlen
consigliare *v* **qn** jmdn. beraten
consiglio *m* Empfehlung *f*
consistenza *f* Konsistenz *f*, Beschaffenheit *f*
consumare *v* verzehren, verbrauchen
consumo *m* Verzehr *m*, Verbrauch *m*
contabilità *f* Buchhaltung *f*
contare *v* zählen
conteggio *m* Berechnung *f*
contenente grassi fetthaltig
contenitore *m* Behälter *m*
contenuto *m* Gehalt *m*, Inhalt *m*, Füllmenge *f*
contenuto *m* **di grassi** Fettgehalt *m*
continuando a mescolare, continuando a rimestare unter ständigem Rühren
conto *m* Rechnung *f (Restaurant)*
contornare *v* umrahmen, umranden
contorno *m* Beilage *f* • **con contorno** mit Beilage
controllare *v* kontrollieren
controllo *m* Kontrolle *f*
conveniente billig, preiswert
cooperativa *f* Genossenschaft *f*
coperchio *m* Deckel *m*
coperchio *m* **scorrevole** Rolldeckel *m*
copertura *f* Übergießen *n*
coppa *f* 1. Becher *m*; 2. *Bezeichnung für verschiedene Wurstsorten aus Schweinefleisch*
coppa *f* **da gelato** Eisbecher *m*
coppa *f* **di gelato** *s.* coppa da gelato
coppetta *f* Schälchen *n*
coprire *v* bedecken, abdecken, zudecken
coprire *v* **con la pellicola trasparente** mit Klarsichtfolie abdecken
coprirsi *v* **d'umidità, coprirsi** *v* **di muffa** beschlagen
coque/alla *s.* uovo alla coque
coratella *f* **d'abbacchio** *Ragout aus Milchlamminnereien mit Zwiebeln oder Artischocken (Rom)*
corazza *f s.* carapace
coregone *m* Felchen *m*
coregone *m* Renke *f*, Felchen *m (verschiedene Arten von Coregoniden: Süßwasserfische in den Alpenseen)*
coriandolo *m*, **coriandro** *m* Koriander *m*
cornetto *m* 1. Hörnchen *n*; 2. Eishörnchen
corno *m* **dell'abbondanza** Totentrompete *f (Craterellus cornucopioides; Speisepilz)*
corona *f* Kranz *m*
corrimano *m* Handlauf *m*
cortese höflich
cortesia *f* Höflichkeit *f*
coscia *f* Keule *f*, Schenkel *m*
coscia *f* **di rana** Froschschenkel *m*
coscia *f* **di vitello** Kalbskeule *f*
cosciotto *m* **di selvaggina** Wildkeule *f*
cospargere *v* streuen
cospargere *v* **di farina** mit Mehl bestreuen
cospargere *v* **di qc** mit etw. bestreuen, mit etw. übergießen, mit etw. überstreuen
costata *f* T-Bone-Steak *n*
costata *f* **di manzo** Spannrippe *f*, Querrippe *f*
costoletta *f* Kotelett *n*, Rippe *f*
costoletta *f* **di manzo** Rinderkotelett *n*
costoso teuer
cotechino *m Kochwurst aus Schweinefleisch und Speckschwarte (Emilia-Romagna)*
cotenna *f* Schwarte *f*
cotenna *f* **di testa** Kopfschwarte *f*
cotogna *f* Quitte *f*
cotoletta *f* Kotelett *n*
cotto in guazzetto, cotto in umido im Sud gekocht
cottura *f* Kochen *n*, Braten *n*, Garen *n*, Backen *n*
cottura *f* **rapida** Kurzbraten *n*
court-bouillon *m* Fischsud *m (mit Wein oder Essig und verschiedenen Gewürzen aromatisierte Brühe zum Kochen von Fisch und Krustentieren)*
cozza *f s.* mitilo
crauti *mpl* Sauerkraut *n*

crema *f* 1. Creme *f*, Krem *f*; 2. Cremesuppe *f*
crema *f* **alla vaniglia** (leichte) Vanillecreme *f*
crema *f* **di mandorle** Mandelcreme *f*
crema *f* **pasticcera** Füllcreme *f*
cremoso cremig, kremig, sahnig, sämig
cren *m* Kren *m*, Meerrettich *m*
crepa *f* Spalte *f*
crêpe *f*, **crespella** *f* Pfannkuchen *m*
crescere *v* aufgehen, aufquellen, treiben
crescione *m* Kresse *f*
crescione *m* **inglese** Gartenkresse *f*
cristallizzarsi *v* auskristallisieren *(Zucker)*
critica *f* 1. Kritik *f*; 2. *s.* reclamo
criticare *v* 1. kritisieren; 2. *s.* reclamare
croccante knackig, knusprig, kross, krachig
croccante *m* Krokant *m*
crocchetta *f* Krokette *f*
crocchetta *f* **di patate** Kartoffelkrokette *f*
crosta *f* Kruste *f*, Rinde *f* • **in crosta** im Teigmantel
crosta *f* **di sale** Salzkruste *f*
crostaceo *m* Krustentier *n*
crostini *mpl* 1. geröstete Brotwürfel *mpl*; 2. getoastete Brotscheiben
crudités *fpl* Rohkost *f*
crudo roh
crusca *f* Kleie *f*
cubetto *m* Würfel *m*
cubetto *m* **di ghiaccio** Eiswürfel *m*
cucchiaino *m* Kaffeelöffel *m*, Teelöffel *m*
cucchiaio *m* Löffel *m*, Esslöffel *m* • **un cucchiaio pieno** ein Löffel voll
cucina *f* Küche *f*; Herd *m* • **un'ottima cucina** eine sehr gute Küche *(Kochkunst)* • **una cucina ben attrezzata** eine gut eingerichtete Küche
cucina *f* **a gas** Gasherd *m*
cucina *f* **casalinga** Hausmannskost *f*
cucinare *v* kochen
cucire *v* **insieme** bridieren, zunähen *(Geflügel)*
culatello *m* *luftgetrockneter Schinken aus der Parma-Gegend (geschützte Herkunftsbezeichnung – DOP)*
cumino *m* Kümmel *m*
cuocere *v* kochen, braten, garen, sieden
cuocere *v* **a fuoco lento** köcheln, schmoren • **far cuocere a fuoco lento** köcheln lassen
cuocere *v* **a vapore** dämpfen
cuocere *v* **ai ferri** grillen
cuocere *v* **al dente** körnig machen
cuocere *v* **al cartoccio** in Folie garen
cuocere *v* **al forno** backen, rösten
cuocere *v* **alla griglia** *s.* cuocere ai ferri
cuocere *v* **in padella** in der Pfanne braten
cuocere *v* **per conservare** *v* einmachen
cuoco *m* Koch *m*
cuore *m* Herz *n*
cuore *m* **di palma** Palmenherz *n*
cura *f* Sorgfalt *f* • **con cura** sorgfältig
cuscino *m* Kissen *n*

D

dadino *m* kleiner Würfel *m* • **tagliare a dadini** würfeln
dado *m* Würfel *m*
dado *m* **per brodo** Instantbrühe *f*
daino *m* Damhirsch *m*, Damwild *n*
dannoso schädlich
dare *v* **forma a qc** aufarbeiten
dare *v* **in aggiunta** *s.* aggiungere
data *f* **di scadenza** Verfalldatum *n*
dattero *m* Dattel *f*
decaffeinato koffeinfrei
decalcificare *v* entkalken
decantare *v* abklären, dekantieren
decorare *v* 1. schmücken, verzieren, garnieren; 2. aufdressieren *(mit dem Spritzbeutel)*
decorazione *f* Schmuck *m*, Verzierung *f*, Garnierung *f*, Garnitur *f*
decorazione *f* **floreale** Blumenschmuck *m*
degustare *v* abschmecken
degustazione *f* **del vino** Weinprobe *f*
delicato mild
delizia *f* Köstlichkeit *f*
delizioso köstlich, vorzüglich
denaro *m* Geld *n*
denominazione *f* **d'origine** Herkunftsbezeichnung *f*
denominazione *f* **d'origine protetta (DOP)** geschützte Herkunftsbezeichnung *f*
denominazione *f* **d'origine controllata (DOC)** *gesetzlich geschützte Herkunftsbezeichnung*
densità *f* Konsistenz *f*, Beschaffenheit *f*
denso sämig, zäh

dente/al bissfest
dente *m* **di leone** Löwenzahn *m*
deperibile verderblich
depicciolare *v* entstielen *(eine Frucht)*
depositare *v* absetzen • **lasciar depositare** absetzen lassen
depurazione *f* Klärung *f*, Klären *n*
derrata *f* **alimentare** Lebensmittel *n*, Nahrungsmittel *n*
desiderare *v* wünschen
dessert *m* Dessert *n*, Nachspeise *f*, Nachtisch *m*
diagonale schräg
dibattersi *v* zappeln
dieta *f* Diät *f*
dietetico diät..., Diät...
differente verschieden
digeribile verdaulich
digerire *v* verdauen
digestione *f* Verdauung *f*
digestivo *m* Digestif *m*
diluire *v* verdünnen
diluire *v* **qc** etw. auflösen
diluito/non unverdünnt
diminuire *v* vermindern
diritto gerade
disdire *v* absagen
disgelare *v* enteisen
disinfettare *v* desinfizieren
disossare *v* ausbeinen, auslösen, entbeinen, Knochen lösen
dispensa *f* Vorratsraum *m*, Speisekammer *f*
disporre *v* **in tavola** anrichten
disporre *v* **in una forma, disporre** *v* **in uno stampo** eine Form auslegen
disposizione *f* Vorschrift *f*
dissalare *v* entsalzen
distaccarsi *v* sich ablösen
distillare *v* brennen, destillieren
distillato *m* Destillat *n*
distillatore *m* Brenner *m*
distillazione *f* Destillierung *f*
distribuire *v* verteilen
disturbi *mpl* **digestivi** Verdauungsbeschwerden *fpl*
diventare *v* **gelatinoso** gelieren
diventare *v* **tenero** weich werden, zart werden, mürb werden
diverso verschieden
dividere *v* teilen
dividere *v* **in porzioni** portionieren
DOC *s.* denominazione d'origine controllata
documento *m* **identificativo del bovino** Tierpass *m*
dolce 1. süß; 2. mild
dolce *m* 1. Kuchen *m*, Süßspeise *f*; 2. *s.* dessert
dolceamaro süßsauer
dolcificante *m* Süßstoff *m*
dolcificato col miele mit Honig gesüßt
dolciume *m* Süßigkeit *f*
DOP *s.* denominazione d'origine protetta
dorare *v s.* far dorare
dosaggio *m* Dosierung *f*
dosare *v* dosieren
dotare *v* ausstatten
dotazione *f* Ausstattung *f*
dozzina *f* Dutzend *n*
dragoncello *m* Estragon *m*
durezza *f* Festigkeit *f*
duro hart, zäh
durone *m* Herzkirsche *f*

E

ebollizione *f* Aufkochen *n*, Aufwallen *n*, Kochen *n*, Sieden *n*
edulcorante *m s.* dolcificante
eglefino *m* Schellfisch *m* *(Melanogrammus aeglefinus: Meeresfisch)*
eglefino *m* **affumicato** geräuchertes Schellfischfilet *n*, Haddock *m*
elastico geschmeidig
elettrico elektrisch
emulsionare *v* emulgieren
emulsione *f* Emulsion *f*
endivia *f* Endivie *f* *(Cichorium endivia)*
eperlano *m* Stint *m* *(Osmerus eperlanus: kleiner Meeresfisch)*
equilibrato ausgeglichen
equipaggiamento *m* Ausstattung *f*
equipaggiare *v* ausstatten
erba *f* **cipollina** Schnittlauch *m*
erbe *fpl* **aromatiche** Küchenkräuter *npl*
erbette *fpl* 1. Kräuter *npl*; 2. Blattmangold *m*
esalazione *f* Dampf *m*, Dunst *m*
esaltatore *m* **del sapore** Geschmacksverstärker *m*
esaurire *v* aufbrauchen
esaurimento *m* kompletter Verbrauch *m*
esporre *v* ausbreiten

espresso *m kräftiger, wohlriechender, heißer Kaffee, für Italiener der übliche Kaffee, der nämlich „caffè" genannt wird und mehrmals am Tag in den Bars getrunken wird (meist im Stehen)*
essenza *f* Essenz *f*
essenza *f* **d'aceto** Essigessenz *f*
essenziale unerlässlich
essere *v* **attaccato** kleben
essiccatoio *m* Trockner *m*
essiccatoio *m* **per pasta** Nudel(teig)-trockner *m*
estendibile dehnbar
estensione *f* Umfang *m*
estrarre *v* ausnehmen
estrarre *v* **dalla forma, estrarre** *v* **dalla tortiera, estrarre** *v* **dallo stampo** aus der Form nehmen, stürzen
estrarre *v* **il succo (di qc)** entsaften
estratto *m* Essenz *f*; Extrakt *m*
etto *m einhundert Gramm*
evaporare *v s.* far evaporare
evaporazione *f* Verdunstung *f*
evento *m* Veranstaltung *f (in einem Restaurant)*
eviscerare *v* ausnehmen *(Geflügel, Fische)*

F

fabbisogno *m* Bedarf *m*
fabbricante *m* Hersteller *m*
fabbricare *v* herstellen
fabbricazione *f* Herstellung *f*
facile einfach, leicht
facilitare *v* leichter machen
fagiano *m* Fasan *m*
fagiolino *m* Wachsbohne *f*, Brechbohne *f*
fagiolo *m* Bohne *f*
fagiolo *m* **bianco secco** Bohnenkern *m*
fagiolo *m* **nano** Buschbohne *f*
far dorare *v* goldgelb anbräunen
far evaporare *v* verdunsten, verdampfen
far legare *v* abbinden, legieren *(eine Soße)*
far maturare *v* abhängen (lassen), reifen (lassen)
far passare *v* durchrühren
far penetrare *v* **frizionando** einreiben
far ridurre *v* eindicken, einkochen
far rosolare *v* bräunen
far saltare *v* scharf anbraten, schwenken *(in Butter oder Öl)*
far sciogliere *v* 1. abtauen; 2. auslassen
far sgelare *v s.* far sciogliere 1.
far sgocciolare *v* abtropfen (lassen)
far soffriggere *v* abbräunen
far spurgare *v* einweichen, wässern
faraona *f* Perlhuhn *n*
farcia *s.* ripieno
farcire *v* füllen, farcieren
fare *v* machen, tun
fare *v* **delle conserve** einmachen
farina *f* Mehl *n*
farina *f* **di riso** Reismehl *n*
farina *f* **integrale** Vollkornmehl *n*
farina *f* **per impanare** Paniermehl *n*
farinoso mehlig
farro *m* Dinkel(weizen) *m*
fascina *f* Bund *m*
fatto in casa hausgemacht
fattoria *f* Bauernhof *m*
fattura *f* Rechnung *f*
fava *f* dicke Bohne *f*
fecola *f* Stärke *f*
fegato *m* Leber *f*
fegato *m* **alla veneziana** *in Streifen geschnittene und gebratene Kalbsleber mit Zwiebeln (Venetien)*
fendere *v* spalten
fenditura *f* Spalte *f*
ferie *fpl* **annuali** Jahresurlaub *m*
fermentare *v* 1. arbeiten; 2. gären *(Wein, Most)*
fermentazione *f* Gärung *f (im Allgemeinen)*
fermento *m* 1. Gärmittel *n*; 2. Weinhefe *f (in der Weinherstellung)*
fesone *m* **di spalla** Bugfilet n
festa *f s.* evento
fetta *f* Scheibe *f*, Schnitte *f*
fetta *f* **biscottata** Zwieback *m*
fetta *f***/prima** Anschnitt *m*
fetta *f* **spessa** dicke Scheibe *f*
fettina *f* Scheibchen *n*; Schnitzel *n*
fettina *f* **di vitello** Kalbsbrustscheibe *f*
fiamma *f* Flamme *f*
fiamma *f* **di gas** Gasflamme *f*
fiammeggiare *v* abflämmen, flambieren
fiammifero *m* Streichholz *n*
fianco *m* Flanke *f*
fiasco *m* Strohflasche *f*
fibra *f* Faser *f*
fibroso faserig
fico *m* Feige *f*

fiele *m* Galle *f*
filetto *m* Filet *n*, Lende *f*
filo *m* Faden *m*
filo *m* **da cucina** Küchengarn *n*
filo *m* **di una lama** Schneide *f*
filone *m* Stangenbrot *n*
filtrare *v* abseihen, filtrieren, durchseihen
filtro *m* Filter *m*
fine dünn, fein
finire *v* beenden
finocchio *m* Fenchel *m*
finocchiona *f Wurstware, mit Fenchelsamen ("semi di finocchio") gewürzt, wie der Name besagt (Spezialität aus der Toskana)*
fiocco *m* Flocke *f*
fiocco *m* **d'avena** Haferflocke *f*
fiore *m* Blume *f*, Blüte *f*
fioritura *f* Blüte *f*
fiscella *f* Abtropfsieb *n (Käseherstellung)*
fissare *v* vorschreiben
flambare *v* flambieren
flan *m* Auflauf *m*
flessibile geschmeidig
fluire *v* fließen
focaccia *f* Fladen *m*, Fladenbrot *n*
foderare *v* **una forma, foderare** *v* **uno stampo** eine Form auslegen
foglia *f* **di vite** Weinblatt *n*
foglio *m* Blatt *n*
foglio *m* **d'alluminio** Alufolie *f*
foie *m* **gras** Stopfleber *f*
fondant *m*, **fondente** *m* Fondantmasse *f*
fondere *v* schmelzen, zerlassen
fondersi *v s.* fondere
fondo *m* **di torta** Boden *m*, Kuchenboden *m*
fontana *f* Mulde *f (Vertiefung im Mehl, bei der Teigzubereitung, zum Anrühren von Zutaten wie Milch, Eier u. a.)*
forbici *fpl* Schere *f*
forchetta *f* Gabel *f*
forchetta *f* **da dessert** Kuchengabel *f*
forchetta *f* **per lumache** Schneckengabel *f*
forchettone *m* **a due punte** Tranchiergabel *f*
forma *f* 1. Form *f*; 2. Laib *m (Käse)*
formaggio *m* Käse *m*
formaggio *m* **affumicato** Räucherkäse *m*
formaggio *m* **di capra** Ziegenkäse *m*
formaggio *m* **duro** Hartkäse *m*
formaggio *m* **erborinato** Schimmelkäse *m (mit Schimmel marmoriert)*
formaggio *m* **fresco** Frischkäse *m*
formaggio *m* **fuso** Schmelzkäse *m*
formaggio *m* **molle, formaggio** *m* **morbido** Weichkäse *m*
formaggio *m* **svizzero** Schweizer Käse *m*
formare *v* aufarbeiten
fornello *m* Kochherd *m*, Herd *m*
fornello *m* **a parete** an der Wand stehender Herd *m*
fornello *m* **centrale** freistehender Herd *m*
fornire *v* beliefern, liefern
fornitore *m* Lieferant *m*
fornitura *f* Belieferung *f*
forno *m* Backofen *m*, Backröhre *f*, Rohr *n*
forno *m* **a convenzione** Kochschrank *m*
forno *m* **a microonde** Mikrowellenherd *m*
forte scharf, pikant
fragile zerbrechlich
fragola *f* Erdbeere *f*
fragola *f* **di bosco** Walderdbeere *f*
fragranza *f* Duft *m*
frammischiare *v* beimengen, beimischen
frammisto a qc durchwachsen, marmoriert
frattaglie *fpl* Gekröse *n*, Kuttelfleck *m*
freddo kalt
freddo Kälte *f*
freezer *m* Kühltruhe *f*
freschezza *f* Frische *f*
fresco 1. frisch; 2. kühl
friabile krümelig
fricandeau *m* **lardellato** Frikandeau *m (gespicktes Stück der Unterschale vom Kalb)*
fricassea *f* Frikassee *n*
fricassea *f* **di coniglio** Kaninchenfrikassee *n*
fricassea *f* **di vitello** eingemachtes Kalbfleisch *n*, Kalbsfrikassee *n*
friggere *v* frittieren, braten, backen
friggere *v* **in padella** in der Pfanne braten
friggitrice *f* Fritteuse *f*, Frittüretopf *m*
frigo *m*, **frigorifero** *m* Kühlschrank *m*
frittata *f* Eierkuchen *m*, Omelett *n*, Omelette *f*
frittata *f* **alle erbe** *mit Kräutern (Basilikum, Pfefferminze u. a.) aromatisierter Eierkuchen*
frittella *f* **di patate** Kartoffelpuffer *m*
frittura *f* Frittüre *f*
frizzante 1. mit Kohlensäure, sprudelig *(Wasser)*; 2. perlend *(Wein)*

frollarsi *v* abhängen
frullino *m* Handmixer *m*
frumento *m* Weizen *m*
frusta *f* **per montare** Schlagbesen *m*, Schneebesen *m*, Quirl *m*
frutta *f* Obst *n*
frutta *f* **con nocciolo** Steinobst *n*
frutta *f* **con semi** Kernobst *n*
frutta *f* **cotta** Kompott *n*, Mus *n*
frutta *f* **secca** Trockenfrüchte *fpl*, Trockenobst *n*
frutta *f* **sotto spirito** in Alkohol eingelegte Früchte *fpl*
fruttato fruchtig *(Wein)*
frutti *mpl* **canditi** kandierte Früchte *fpl*, Belegfrüchte *fpl*
frutti *mpl* **di bosco** Waldbeeren *fpl*
frutti *mpl* **di mare** Meeresfrüchte *fpl*
frutti *mpl* **glassati** glasierte Früchte *fpl*
frutto *m* Frucht *f*
fumo *m* Rauch *m*
fungo *m* Pilz *m*
fungo *m* **coltivato** *jede Art von gezüchtetem Speisepilz*
fungo *m* **porcino** Steinpilz *m*
fuoco *m* 1. Feuer *n*; 2. Feuerstelle *f* • **a fuoco lento** auf kleiner Flamme, bei schwacher Hitze • **a fuoco vivace** auf großer Flamme

G

gado *m* **barbato** Zwergdorsch *m*
galantina *f* Galantine *f*
galletto *m* junger Hahn *m*
galletto *m* **amburghese** Stubenküken *n*
gallina *f* Henne *f*
gallinaccio *m* Pfifferling *m*, Eierschwamm *m (Cantharellus cibarius: Speisepilz)*
gallinella *f* Knurrhahn *m (Meeresfisch)*
gallo *m* Hahn *m*
gambero *m* Krebs *m*
gambero *m* **marino** Hummer *m*
gamberone *m* Königskrabbe *f*, Steingarnele *f*
ga(s)sato mit Kohlensäure, sprudelig
ga(s)sato/non ohne Kohlensäure
gattuccio *m* Katzenhai *m (Scyliorinus canicula)*
gelataio *m* Eisverkäufer *m*
gelateria *f* Eisdiele *f*
gelatiera *f* Eismaschine *f*
gelatina *f* 1. *s.* aspic; 2. Gelee *n*
gelatina *f* **di frutta** Geleefrucht *f*
gelatinizzare *v* gelieren
gelato eiskalt, vereist
gelato *m* Eis *n*
gelato *m* **alla frutta** Fruchteis *n*
gelato *m* **cremoso** Softeis n, Halbgefrorenes n
gelido eiskalt
gelificante *m* Geliermittel *n*
gelificare *v s.* gelatinizzare
gelone *m* Austernpilz *m (Pleurotus ostreatus)*
gentile *s.* cortese
gentilezza *f s.* cortesia
genziana *f* Enzian *m*
germe *m* Keim *m*, Keimling *m*
germoglio *m* Keim *m*, Keimling *m*, Sprosse *f*
gettare *v* **via** wegwerfen
getto *m* Guss *m (Wasser)*
gheriglio *m* Walnusskern *m*, Walnusshälfte *f*
ghiacciato vereist
ghiaccio *m* Eis *n*
ghisa *f* Gusseisen *n*
giacca *f* Jacke *f*
giallo gelb • **giallo oro** goldgelb
ginepro *m* Wacholder *m*, Wacholdergeist *m*
giorno *m* **di riposo** Ruhetag *m*
giovane jung
giovarro *m* Hals *m*, Kamm *m (Ochse, Kalb, Hammel)*; Nacken *m*
giovenca *f* Färse *f*, Jungrind *n*
girare *v* drehen, tourieren
girare *v* **dall'altra parte** umdrehen, wenden
girarrosto *m* Bräter *m*, Bratenröster *m*
giro *m* **d'affari** Umsatz *m*
glassa *f* Zuckerguss *m*
glassare *v* glasieren
glassatura *f* Glasieren *n*, Glasur *f*
gnocchetto *m* Klößchen *n*
gnocco *m* Kloß *m*, Klops *m*, Knödel *m (aus Brot, Eiern, Kartoffelmehl usw.)*
gnocco *m* **di midollo** Markklößchen *n (als Suppeneinlage)*
gobione *m* Gründling *m (Gobio gobio: kleiner Süßwasserfisch)*
goccia *f* Tropfen *m*
gocciolare *v* abtropfen, tropfen
gonfiare *v* quellen • **lasciar gonfiare** quellen lassen

gonfiarsi *v* aufquellen
gorgonzola *m Blauschimmelkäse ursprünglich aus dem gleichnamigen Ort in der Nähe von Mailand, in der Lombardei und Piemont hergestellt und in ganz Europa in einer gereiften, scharfen und einer milden Variante exportiert; wird für die Zubereitung von Pastasoßen verwendet*
gradazione *f* **alcolica** Alkoholgehalt *m*
gradire *v* gern haben, mögen, wünschen
grado *m* Grad *m*
grado *m* **d'acidità** Säuregrad *m*
grana *m parmesanähnlicher Hartkäse*
grana *m* **padano** *Hartkäse aus der Poebene*
grana *m* **trentino** *Hartkäse aus Trentino*
granaglie *fpl* Getreide *n*
grancevola *f* Seespinne *f (Maia squinado)*
granchio *m* Krabbe *f*, Garnele *f (verschiedene Natantia-Arten)*
granchio *m* **d'arena** Schwimmkrabbe *f (verschiedene Portunus-Arten)*
granchio *m* **paguro, granciporro** *m* Taschenkrebs *m (verschiedene essbare Arten aus dem Meer)*
grandezza/a seconda della nach Größe
granelli *mpl* **di cioccolato** Schokolade(n)streusel *m*
granita *f* Gramolade *f (Erfrischungsgetränk aus kleinen Eisstückchen, mit Zitronen-, Orangensaft, starkem Kaffee oder Sirupen aromatisiert)*
grano *m* Weizen *m*, Korn *n* • **a grani** körnig
grano *m* **d'orzo mondato** Graupe *f*
grano *m* **duro** Hartweizen *m*
grano *m* **macinato grosso** Weizenschrot *m*
grano *m* **saraceno** Buchweizen *m*
granoturco *m* Mais *m (wörtlich: türkisches Korn)*
granulare, granuli/in körnig, gekörnt
granuloso körnig
grappa *f Spirituose ausschließlich italienischer Herkunft, aus Weintrestern durch direkte Destillation gewonnen und jahrelang in Fässern gelagert, mit unzähligen aromatisierten Varianten*
grappa *f* **al cumino** Kümmelschnaps *m*
grappolo *m* **d'uva** Traube *f*, Weintraube *f*
grasso 1. dick; 2. fett, fetthaltig
grasso *m* Fett *n*
grasso *m* **di cocco** Kokosfett *n*
grata *f* Ablaufgitter *n*
graticcio *m* Lattenrost *m*
graticola *f* Grillplatte *f*
gratinare *v* gratinieren, überbacken, überkrusten
grattugiare *v* abreiben, reiben, raspeln, schaben
grembiule *m* Schürze *f*
grezzo grob
griglia *f* 1. Ablaufgitter *n*; 2. Grill *m*, Grillplatte *f*
grigliare *v* grillen, rösten
grigliata *f* Grillgericht *n*
grissino *m* Gebäckstange *f (nature oder aromatisiert)*
grossolano grob
grugno *m* **di maiale** Schweinerüssel *m*
grumo *m* Klumpen *m*
grumoso klumpig
gruviera *m* Greyerzer *m*
guadagno *m* Gewinn *m*
guancia *f* Backe *f*, Wange *f*
guanto *m* Handschuh *m*
guanto *m* **a manopola** *f* Fäustling *m*
guardaroba *f* Garderobe *f*
guarnire *v s.* decorare
guazzetto *m* Sud *m*
guscio *m* Schale *f (Eier, Mandeln, Krabben)*
gusto *m* Geschmack *m* • **avere gusto di** schmecken nach
gusto *m* **proprio** Eigengeschmack *m*
gustoso schmackhaft

H

hamburger *m* Hacksteak *n (gegrilltes Hackfleisch vom Rind)*

I

igienico hygienisch
IGP *s.* Indicazione Geografica Protetta
imballare *v* verpacken
imballo *m* Verpackung *f*
imbiondire *v* abbräunen, bräunen
imbottigliamento *m* Abfüllung *f*
imbottigliare *v* abfüllen
imburrare *v* einfetten, mit Butter bestreichen, buttern

imbuto *m* Trichter *m*
immagazzinare *v* lagern
immergere *v* **in qc** in etw. eintauchen
immergere *v* **nell'acqua bollente** abbrühen, blanchieren
immondizia *f* Abfall *m*, Abfälle *mpl*
impacchettato abgepackt
impanare *v* panieren
impastare *v* anrühren, kneten
impasto *m* **di burro** Buttermischung *f*
impasto *m* **per bignè** Brandmasse *f*, Brandteig *m*
impilare *v* stapeln
imposta *f* Steuer *f*, Abgabe *f*
imposta *f* **sul valore aggiunto** *(IVA)* Mehrwertsteuer *f (MwSt)*
impregnare *v* **di qc** mit etw. tränken
imprimere *v* drücken, pressen
inacidirsi *v* 1. sauer werden; 2. umkippen *(Wein)*
incavare *v* aushöhlen
incavato hohl
inchiostro *m* Tinte *f*
incidere *v* anschneiden, einschneiden, einritzen
incisione *f* Aufschnitt *m*, Einschnitt *m*
incollare *v* kleben
incorniciare *v* umrahmen, umranden
incorporare *v* mischen, vermengen
Indicazione *f* **Geografica Protetta** *(IGP)* Geschützte Geographische Angabe *f*
indigesto schwer verdaulich, unverdaulich
indispensabile unerlässlich
indivia *f* Endivie *f*
indurirsi *v* hart werden
infarinare *v* mit Mehl bestreuen
infilzare *v* aufspießen, stechen
infornare *v* in den Backofen schieben
infrangibile unzerbrechlich
infuso *m* **di mentuccia** Pfefferminztee *m*
ingentilire *v s.* affinare
ingrassare *v* mästen
ingredienti *mpl* Zutaten *fpl*
insaccati *mpl* Wurstwaren *fpl*
insalata *f* Salat *m*
insalata *f* **di barbabietole e patate** *Salat aus Kartoffeln und roten Beeten, mit Olivenöl, Essig und Salz*
insalata *f* **di granchi** Krabbensalat *m*
insalata *f* **di mare** Meeresfrüchtesalat *m*
insalata *f* **di pasta** Nudelsalat *m*
insalata *f* **di riso** *kalter Reissalat mit Tomaten, Kapern, gekochten Eiern und anderen Zutaten*
insalata *f* **di seppie** Tintenfischsalat *m*
insalata *f* **di uova** Eiersalat *m*
insalata *f* **mista** gemischter Salat *m*
insalata *f* **nizzarda** Nizza-Salat *m*
insalata *f* **riccia** Winterendivie *f*
insalata *f* **russa** *Beilage mit gekochten Eiern und Gemüse, mit Mayonnaise gebunden*
insalata *f* **verde** grüner Salat *m*
insalatiera *f* Salatschüssel *f*, Schüssel *f*
insaporire *v* abschmecken, würzen, würziger machen
insaporito con l'aglio mit Knoblauch gewürzt
intagliare *v* einschneiden, einritzen
intenditore *m s.* buongustaio
intenso kräftig
interamente im Ganzen
interiora *fpl* Innereien *pl*
interiora *fpl* **di pollo** Hühnerklein *n*
interiora *fpl* **di vitello** Kalbsgekröse *n*
intero ganz • **per intero** *s.* interamente
intestino *m* Darm *m*
intiepidirsi *v* lauwarm werden
intingolo *m* Brühe *f*
intrecciare *v* flechten
inumidire *v* anfeuchten, befeuchten
invecchiato gealtert *(Wein)*
involtino *m* Roulade *f*, Fleischvogel *m*
involtino *m* **di cavolo** Krautwickel *m*
iodio *m* Jod *n*
ippoglosso *m* Heilbutt *m (Hippoglossus hippoglossus: großer Meeresfisch)*
ispessire *v* eindicken, einkochen
ispessito eingedickt
IVA *f* **inclusa** „einschl. MwSt“

J

joghurt *m* Joghurt *m*

K

krapfen *m* Berliner Pfannkuchen *m*, Krapfen *m*

L

lago *m* See *m (Binnengewässer)*
lama *f* Klinge *f*, Schneide *f*
lamentarsi sich beschweren
lamentela *f* Beschwerde *f*
lamiera *f* **del forno** Backblech *n*, Kuchenblech *n*
lamiera *f* **stagnata** Weißblech *n*
lampada *f* **di controllo** Kontrolllampe *f*
lampone *m* Himbeere *f*
lampreda *f* Lamprette *f*, Neunauge *n*
lardatoio *m* Spicknadel *f*
lardellare *v* 1. bardieren, umwickeln mit Speck(scheiben); 2. *s.* picchettare
lardello *m* Speckwürfel *m*
lardo *m* Speck *m*
lasagne *fpl* Nudelteigplatten *fpl*
lasagne *fpl* **alla bolognese** *Auflauf aus mehreren Schichten Lasagneblättern, mit Ragout und Béchamelsoße gefüllt (Emilia-Romagna)*
lasciar frollare *v* abhängen (lassen), reifen (lassen) *(Fleisch)*
lasciare *v* **in infusione** ziehen (lassen)
latte *m* Milch *f*
latte *m* **a lunga conservazione** haltbare Milch *f*, H-Milch *f*
latte *m* **acido** Dickmilch *f*, Sauermilch *f*
latte *m* **condensato** Kondensmilch *f*
latte *m* **di pesce** Milchner *m*
latte *m* **in polvere** Milchpulver *n*
latte *m* **intero** Vollmilch *f (mit einem Fettgehalt von mindestens 3,5 %)*
latte *m* **macchiato** *heiße, geschäumte Milch mit Espresso übergossen und in einem hohen Glas serviert*
latte *m* **parzialmente scremato fresco** *frische, entrahmte Milch (mit einem Fettgehalt von 1,8 %)*
latte *m* **rappreso** *s.* latte acido
latte *m* **scremato fresco** *frische, entrahmte Milch (mit einem Fettgehalt von 0,5 %)*
latticello *m* Buttermilch *f*
latticino *m* Milchprodukt *n*
lattina *f* Dose *f*
lattonzo(lo) *m* Ferkel *n*
lattuga *f* Kopfsalat *m*, Lattich *m*
lattuga *f* **batavia** Eissalat *m*
lattuga *f* **brasiliana** Eisbergsalat *m*
lavabicchieri *f* Gläserspülmaschine *f*
lavadita *m* Fingerschale *f*
lavaggio *m* Spülen *n*, Ausspülen *n*
lavaggio *m* **delle stoviglie** Geschirrspülen *n*
lavare *v* 1. spülen, spülen, ausspülen; 2. waschen
lavare *v* **i piatti** Geschirr spülen
lavarello *m s.* coregone
lavastoviglie *f* Geschirrspülmaschine *f*
lavello *m* Ausguss *m*, Spülbecken *n*
lavorare *v* arbeiten, verarbeiten, aufarbeiten, behandeln
lavorare *v* **qc** etw. bearbeiten
lavorato in Italia in Italien verarbeitet
legante *m* Bindemittel *n*
legare *v* 1. *s.* far legare; 2. *s.* cucire insieme; 3. *s.* addensare 2.
leggero dünn
legno *m* Holz *n*
lenticchia *f* Linse *f*
lepre *f* Hase *m*
lepre *f* **comune** Feldhase *m*
lessare *v* kochen, sieden
letto *m* **di verdura** Gemüsebett *n*
leucisco *m* **rosso** Plötze *f*, Rotauge *f (Leuciscus rutilus: Süßwasserfisch)*
leva *f* Hebel *m*
levare *v* entfernen, wegnehmen; abziehen *(Haut)*
levistico *m s.* sedano di monte
lievitare *v* aufgehen, treiben, gären *(Teig)*; arbeiten
lievitazione *f* Aufgehen *n*
lievito *m* Hefe *f*, Backhefe *f*
lievito *m* **di birra** Bierhefe *f*
lievito *m* **di pasta acida** Sauerteig *m*
lievito *m* **in polvere** Backpulver *n*
lievito *m* **vanigliato** *mit Vanille aromatisierte Hefe*
limanda *f* Rotzunge *f*
limetta *f* Limone *f*
limoncello *m Likör aus Zitronen*
limone *m* Zitrone *f*
limpido klar
lingua *f* Zunge *f*
liofilizzato gefriergetrocknet
liquefare *v* auslassen
liquido flüssig
liquido *m* Flüssigkeit *f*
liquirizia *f* Lakritze *f*
liquore *m* Likör *m*
liquore *m* **al caffè** Kaffeelikör *m*
liquore *m* **all'anice** Anisett *m*
liquoroso likörartig *(Wein)*
lisca *f* Gräte *f*

liscio glatt
lista *f* **delle vivande** *s.* menu
litro *m* Liter *m*
locale einheimisch
locale *m* Raum *m*
lofio *m s.* rana pescatrice
lombata *f* Lendenstück *n*, Lendenbraten *m*
lombata *f* **di maiale** Schweinelende *f*
lombo *m* 1. Rückenstück *n (Hase und Kaninchen)*; 2. Ziemer *m (Reh, Hirsch)*
luccio *m* Hecht *m*
luc(c)ioperca *m* Zander *m (Süßwasserfisch)*
lucente glänzend
lucentezza *f* Glanz *m*
luganega *f traditionelle Wurst der Basilikata, Lombardei und Venetien (aus Schweinefleisch)*
lumaca *f* Schnecke *f*
lunghezza *f* Länge *f* • **nel verso della lunghezza** der Länge nach
lungo lang

M

maccarello *m* Makrele *f (Scomber scombrus)*
macchiettare *v* sprenkeln, tüpfeln
macchina *f* Apparat *m*
macchina *f* **da caffè** Espressomaschine *f (Bar)*
macchina *f* **frigorifera** Kältemaschine *f*
macchina *f* **per fare la pasta** Nudelmaschine *f*
macchina *f* **sgusciatrice** Schälmaschine *f*
macchinetta *f* **del caffè** *s.* moka
macedonia *f* **di frutta** Obstsalat *m*
macellaio *m* Metzger *m*
macellare *v* schlachten
macelleria *f* Metzgerei *f*
macerare *v* beizen
macinapepe *m s.* tritapepe
macinare *v* mahlen, zermahlen
macinare *v* **grossolanamente** schroten
macis *m(f)* Muskat(nuss)blüte *f*
maggiorana *f* Majoran *m*
magro fettarm; mager *(Fleisch)*
maiale *m* Schwein *n*, Schweinefleisch *n* • **di maiale** vom Schwein, Schweins…, Schweine…
maialino *m* Ferkel *n*, Jungschwein *n*
maionese *f* Mayonnaise *f*
malva *f* Malve *f*
mammella *f* Euter *n (Kuh, Ziege usw.)*
mancia *f* Trinkgeld *n*
manciata *f* eine Hand voll *f*
mandorla *f* Mandel *f*
mandorla *f* **amara** Bittermandel *f*
mangiare *v* essen
mango *m* Mangofrucht *f*
manico *m* Henkel *m*, Stiel *m*
mannaia *f* kleines Hackbeil *n*
manopola *f s.* guanto a manopola
mantici *mpl* Gebläse *n*
manzo *m* Rind *n*
marcato ausgeprägt
marchio *m* **commerciale** Handelsmarke *f*
marchio *m* **depositato** geschütztes Markenzeichen *n*
marchio *m* **di qualità** Gütesiegel *n*, Gütezeichen *n*
marcire *v* verfaulen
mare *m* Meer *n*, See *f*
margine *m* **di guadagno** Gewinnspanne *f*
marinare *v* beizen, marinieren, einlegen
marinata *f* Beize *f*, Marinade *f*; Dressing *n*
marmellata *f* Konfitüre *f*
marmitta *f* Kochkessel *m*
marron *m* **glacé** kandierte Kastanie *f*
marrone *m* Esskastanie *f*, Edelkastanie *f*
marzapane *m* Marzipan *n*, Marzipanteig *m*
mascarpone *m Doppelrahm-Frischkäse, der für die Zubereitung von Nachspeisen, wie Tiramisù, für Füllungen und zum Verfeinern von Pastasoßen verwendet wird*
mattarello *m* Rollholz *n*, Nudelholz *n*
mattarello *m* **quadrettato** Karierholz *n*
mattarello *m* **scanalato** Rillenwalze *f*, Riefholz *n*
matterello *m s.* mattarello
maturare *v* reifen
maturazione *f* Reifung *f*
maturità *f* Reife *f*
maturo reif
mazzetto *m* **di erbe aromatiche** Kräutersträußchen *n*
mazzetto *m* **di odori** Gewürzsträußchen *n*
mazzo *m* Bund *m*, Strauß *m (Blumen)*
medaglione *m* **di vitello** Kalbsmedaillon *n*

medio mittel..., Mittel... *(Dimension, Qualität)*
mela *f* Apfel *m*
mela *f* **al forno** Backapfel *m*, Bratapfel *m*
mela *f* **cotogna** Quitte *f*
melagrana *f* Granatapfel *m*
melanzana *f* Aubergine *f*
melone *m* Melone *f*
mensola *f s.* ripiano
mentuccia *f* 1. Pfefferminze *f*; 2. Pfefferminztee *m*
menu *m*, **menù** *m* Menü *n*, Speisekarte *f*, Speisefolge *f*
mercato *m* Markt *m* • **a buon mercato** *s.* conveniente
mercato *m* **all'ingrosso** Großmarkt *m*
mercato *m* **settimanale** Wochenmarkt *m*
merenda *f* Brotzeit *f*
meringa *f* Baiser *m*, Meringe *f*
merlango *m* Wittling *f (Gadus merlangus: Meeresfisch)*
merluzzo *m* Dorsch *m (jung)*
merluzzo *m* **carbonario** Köhler *m*, Kohlfisch *m (Pollachius virens)*
merluzzo *m* **comune** Kabeljau *m*
mescolanza *f* Mischung *f*
mescolare *v* 1. mischen, vermischen, vermengen; 2. *s.* rimestare
mestolo *m* Schöpfkelle *f*
metà *f* 1. Hälfte *f*; 2. Mitte *f*
mettere *v* 1. anrichten; 2. schieben, legen
mettere *v* **a bagno** einweichen, wässern
mettere *v* **il ripieno** füllen, farcieren
mettere *v* **in conserva** einmachen, konservieren
mettere *v* **in forno** *s.* infornare
mettere *v* **in fresco** kalt stellen
mettere *v* **in magazzino** lagern
mettere *v* **in ordine** in Ordnung bringen
mettere *v* **in salamoia** *s.* salmistrare
mettere *v* **sott'aceto** *s.* conservare sott'aceto
mettere *v* **sott'olio** *s.* conservare sott'olio
mettere *v* **sotto sale** *s.* salmistrare
mettere *v* **sotto spirito** in Alkohol einlegen
mezzaluna *f* Wiegemesser *n*
mezzo chilo *m* Pfund *n*
mezzo *m* **di conservazione** Konservierungsmittel *n*
michetta *f* **milanese** *s.* rosetta
midollo *m* **osseo** Knochenmark *n*, Mark *n*
miele *m* Honig *m* • **con aggiunta di miele** mit Honig versetzt
miele *m* **d'acacia** Akazienhonig *m*
miglio *m* Hirse *f*
milza *f* Milz *f*
minerale Mineral...
minestra *f* Suppe *f*
minestrone *f* Gemüsesuppe *f*
mirtillo *m* **nero** Blaubeere *f*, Heidelbeere *f*
mirtillo *m* **rosso** Preiselbeere *f*
miscela *f* Mischung *f (Kaffee)*
mischiare *v s.* mescolare 1.
misto gemischt
misura *f* Maß *n*, Größe *f* • **su misura** nach Maß
misurare *v* messen
misurino *m* Messbecher *m*
mitilicoltura *f* Muschelgarten *m*
mitilo *m* Miesmuschel *f (Mytilus edulis)*
modellare *v* modellieren, durchkneten, formen, aufarbeiten
moka *f* Espressokanne *f*
mole *f* Umfang *m*
molle weich, mürb
mollusco *m* **conchifero** Muschel *f*, Schalentier *n*
mondare *v* schälen *(Getreide)*
montare *v* schaumig schlagen, schlagen, verquirlen, aufschlagen
montone *m* **castrato** Hammel *m*
mora *f* Brombeere *f*
mora *f* **di gelso** Maulbeere *f*
morbido *s.* molle
morchella *f s.* spugnola
mortadella *f* **di Bologna** *Kochwurst aus Schweinefleisch mit Speckwürfeln, mit Pistazien oder Pfeffer gewürzt; meist als Aufschnittware verkauft*
mortaio *m* Mörser *m*
mostarda *f* 1. Senf *m*; 2. *pikant eingelegte Senffrüchte* • **con mostarda** mit Senf versetzt
mousse *f* **al cioccolato** Schokolade(n)mousse *f*
mozzarella *f Frischkäse aus Kuhmilch (aus „mozzare", abschneiden, weil der Käser eine bestimmte Menge Mozzarella aus dem Bruch abschneidet)*
mozzarella *f* **di bufala** *echter Mozzarella aus Büffelmilch, der fetter ist als Kuhmilch (Kampanien, geschützte Herkunftsbezeichnung DOP)*
mucca *f* Kuh *f*
mucchio *m* Stapel *m (Wäsche)*
muffa *f* Schimmel *m*
mulino *m* Mühle *f*

mulo *m* Maultier *n*
murena *f* Muräne *f* *(Muraena helena)*
muscolo *m* Muskel *m*
muscolo *m* **da allevamento** *s.* mitilo
musello *m* **di bue** Ochsengaumen *m*, Ochsenmaul *n*
muso *m* Maul *n*

N

napoletana/alla *Pastasoße aus Tomaten und Basilikum*
nasello *m* Seehecht *m* *(Merluccius merluccius: Meeresfisch)*
nasturzio *m* Brunnenkresse *f*
naturale natürlich • **al naturale** nature
necessario nötig, notwendig • **se necessario** falls nötig, falls notwendig
necessità *f* Notwendigkeit *f*
necessitare *v* **di** *s.* avere bisogno di
nefrope *m s.* scampo
nespola *f* Mispel(frucht) *f*
nido *m* **di pasta** *Nudeln in Form eines Nestes*
nobilitazione *f s.* affinamento
nocciola *f* Haselnuss *f*
nocciolina *f* **americana** Erdnuss *f*
nocciolo *m* Kern *m*, Stein *m*
noce *f* Walnuss *f*, Nuss *f*
noce *f* **di cocco** Kokosnuss *f*
noce *f* **di vitello** Kalbsnuss *f*
noce *f* **moscata** Muskatnuss *f*
nocino *m* Nussbranntwein *m*
nocivo schädlich
nodino *m* **di maiale** Kotelettstrang *m*
norma *f* Vorschrift *f*
norma *f* **igienica** Hygieneverordnung *f*
nostrano einheimisch
nota *f* Akzent *m*, Note *f*
nutrimento *m* Ernährung *f*, Nährstoff *m*

O

obbligo *m* **di contrassegnare, obbligo** *m* **di contrassegno** Kennzeichnungspflicht *f*
obliquamente, obliquo schräg
oblungo länglich
oca *f* Gans *f*
occorrente *m* Bedarf *m*
odore *m* Geruch *m*
odori *mpl* Küchenkräuter *npl*
offrire *v* anbieten, aufwarten
oleoso ölig
oliare *v* einölen
olio *m* Öl *n*
olio *m* **di noci** Nussöl *n*
olio *m* **di semi** Pflanzenöl *n*
olio *m* **di semi di girasole** Sonnenblumenöl *n*
olio *m* **di vinaccioli** Traubenkernöl *n*
olio *m* **d'oliva** Olivenöl *n* *(einer der wichtigsten Bestandteile der italienischen Küche, früher mehr in Süditalien als in Norditalien verbreitet, wo es durch Butter ersetzt wurde, jetzt für seine einzigartigen Eigenschaften überall sehr beliebt: reines Olivenöl wird sowohl roh als auch zum Kochen verwendet)*
olio *m* **extra vergine d'oliva** extra natives Olivenöl *n* *(aus der ersten Pressung; der Säuregehalt muss weniger als ein Prozent betragen; wird meist nur roh verwendet und eignet sich zum Anrichten von Salaten)*
olio *m* **vergine d'oliva** *sehr gutes kaltgepresstes Olivenöl, nicht über 2 % Säuregehalt*
oliva *f* Olive *f*
omaro *m s.* gambero marino
omelette *f* Omelett *n*, Omelette *f*
omento *m* Netz *n*, Netzfett *n*
ometto *m* Kleiderbügel *m*
omogeneo glatt
opaco matt
orari *mpl* **d'apertura** Öffnungszeiten *fpl*
orata *f* Dorade *f*, Goldbrasse *f* *(Sparus auratus)*
ordinare *v* 1. bestellen; 2. sortieren, verlesen
ordinario gewöhnlich
ordinazione *f* Bestellung *f*
orecchio *m* Ohr *n*
orecchione *m s.* gelone
origano *m* Oregano *m*
origine *f* Herkunft *f*
ornare *v s.* decorare
ornare *v* **con scanalature** *s.* scanalare 2.
ortica *f* Brennnessel *f*
orzata *f* Mandelmilch *f*
orzo *m* Gerste *f*

osso *m* Knochen *m*
osso *m* **buco, ossobuco** *m Gericht Mailänder Tradition: geschmorte Kalbsbeinscheiben, in Tomatensoße, mit Weißwein versetzt*
osso *m* **con midollo** Markknochen *m*
ossuto knochig
osteria *f traditionelles Lokal, in dem Wein, Getränke und örtliche Gerichte angeboten werden*
ostrica *f* Auster *f*

P

padella *f* Bratpfanne *f*, Pfanne *f* • **una padella piena** eine Pfanne voll
padella *f* **rovesciabile** Kippbratpfanne *f*
padellina *f*, **padellino** *m* Pfännchen *n*
paese *m* 1. Dorf *n*; 2. Land *n* • **del paese** einheimisch
pagnotta *f* Brot *n*, Laib *m*
paio *m* Paar *n*
paiolo *m* Kessel *m*, Kochkessel *m*
pala *f* Schaufel *f*
paletta *f* 1. Blatt *n (Wildbret)*; 2. Schaufel *f*
paletta *f* **per dolci** Tortenheber *m*
paletta *f* **per il pesce** Fischheber *m*
palla *f* Kugel *f*
pallina *f* Bällchen *n*
pan *m* **carré** Toastbrot *n*
pan *m* **di Spagna** Sandkuchen *m*
panare *v* panieren
pancetta *f* **affumicata** Räucherspeck *m*
pancetta *f* **affumicata magra** Schinkenspeck *m*
pancetta *f* **di maiale** Bauch *m*, Wamme *f*, Schweinebauch *m*
pancetta *f* **di maiale affumicata** Bauchspeck *m*, durchwachsener Speck *m*
pancetta *f* **di maiale farcita** gefüllter Schweinebauch *m*
pancotto *m* Brotbrei *m*
pandoro *m Weihnachtskuchen aus lockerem Hefeteig, reichlich mit Puderzucker bestreut (ursprünglich aus Verona)*
pane *m* Brot *n*
pane *m* **all'olio** *Brot mit Olivenöl*
pane *m* **azzimo** Matze *f*, Oblate *f*
pane *m* **bianco** Weißbrot *n*
pane *m* **casereccio** Bauernbrot *n*, Landbrot *n*
pane *m* **con le olive** *Brot mit Oliven*
pane *m* **di segale** Roggenbrot *n*
pane *m* **in cassetta** Toastbrot *n*
pane *m* **integrale** Vollkornbrot *n*
pane *m* **lievitato** Hefebrot *n*
pane *m* **nero** Schwarzbrot *n*
pane *m* **toscano** *toskanisches Brot, ca. eine Woche haltbar, ohne Salz, wird als Begleitung würziger Suppen und Aufschnittwaren verwendet*
panetteria *f* Bäckerei *f*
panettiere *m* Bäcker *m*
panettone *m Mailänder Weihnachtskuchen aus lockerem Hefeteig mit Rosinen; in vielen Varianten*
panforte *m Pfefferkuchen aus der Toskana (Siena) mit Honig, Trocken- und kandierten Früchten*
pangrattato *m* Panade *f (für Soßen und Füllungen)*; Semmelbrösel *mpl*, Paniermehl *n*
paniere *m* Korb *m*
panino *m* Brot *n*, Semmel *f*, Brötchen *n*, Schrippe *f*, Wecken *m*
panino *m* **imbottito** belegtes Brötchen *n*
panna *f* Rahm *m*, Sahne *f*
panna *f* **cotta** *Dessert aus aufgekochter Sahne, Zucker, Fischgelatine und Vanillearoma, garniert mit verschiedenen Soßen*
panna *f* **da montare** *s.* panna montata
panna *f* **liquida** flüssige Sahne *f*, Schmand *m*, Schmant *m (regional)*
panna *f* **montata** Schlagsahne *f*
panna *f* **per cucinare** *Sahne mit einem niedrigen Fettgehalt (circa 25 %), die zum Kochen verwendet wird*
pannello *m* **di comando** Bedienungsfeld *n*
panno *m* Tuch *n*
panpepato *m* Lebkuchen *m*, Pfefferkuchen *m*
pantaloni *mpl* Hose *f*
papavero *m* Mohn *m*
papero *m* **da ingrasso** junge Mastgans *f*
paprica *f* Paprika *m*
paragonare *v* vergleichen
paragone *m* Vergleich *m*
parmigiana *f* **di melanzane** *Gemüsegericht aus überbackenen Auberginen mit Tomatensoße, geriebenem Parmesan, Mozzarella, Basilikumblättern*

parmigiano *m* **reggiano** *zwei Jahre lang gereifter Parmesankäse aus der Gegend von Parma und Reggio Emilia, als Tafelkäse oder gerieben (DOC)*
parte *f* Teil *m*
passare *v* 1. durchreichen *(durch einer Öffnung)*; 2. durchrühren, passieren
passare *v* **al setaccio** durchsieben, aussieben, sieben
passare *v* **in padella** in der Pfanne braten
passatelli *mpl traditionelle Suppeneinlage der Emilia-Romagna, aus fein geriebenem Brot, Eiern, Parmesankäse, Muskatnuss; der Teig wird durch ein Gerät gepresst*
passato *m* 1. Cremesuppe *f*; 2. Püree *n*
passaverdura *m* Durchschlag *m*, Seiher *m*, Passiersieb *n*
passaverdura *m* **elettrico** kleine Handmühle *f*
passavivande *m* Durchreiche *f*, Passe(-Plats) *n*
passera *f* **di mare** Flunder *f (Platichthys flesus)*
passino *m* Seiher *m*, Sieb *n*
pasta *f* 1. Nudel *f*; 2. Teig *m*
pasta *f* **alimentare** Teigwaren *fpl*, Nudeln *fpl*
pasta *f* **all'uovo** Eiernudeln *fpl*
pasta *f* **brisée** *Mürbeteig aus Mehl, Butter, ein wenig Wasser und Salz für verschiedene salzige oder süße Gebäcksorten*
pasta *f* **d'acciughe** Anchovisbutter *f*
pasta *f* **di mandorle** Marzipan *n*, Marzipanteig *m*
pasta *f* **di würstel** Wurstfüllung *f*, Wurstmasse *f*
pasta *f* **e fagioli** Bohnensuppe *f* mit Nudeln
pasta *f* **frolla** Mürbeteig *m*
pasta *f* **lievitata** Hefeteig *m*
pasta *f* **sfoglia** Blätterteig *m*
pasticceria *f* 1. Konditoreiware *f*, Gebäck *n*; 2. Konditorei *f*
pasticcini *mpl* Kleingebäck *n*
pasticcini *mpl* **al burro** Buttergebäck *n*
pasticcino *m* Plätzchen *n*
pasticcio *m* Pastete *f*
pasticcio *m* **di spinaci** Spinatpastete *f*
pastiera *f Mürbeteigtorte mit Ricotta-Getreide-Füllung und kandierten Früchten, typisch von Neapel*
pastina *f* **in brodo** Nudelsuppe *f*
pasto *m* Mahlzeit *f*, Essen *n*
pastorizzare *v* pasteurisieren
pastorizzazione *f* Pasteurisierung *f*
patata *f* Kartoffel *f*
patata *f* **arrosto** Bratkartoffel *f*, Röstkartoffel *f*
patata *f* **bollita** Salzkartoffel *f*
patata *f* **dolce** Süßkartoffel *f*
patata *f* **lessa** *s.* patata bollita
patata *f* **lessata con la buccia** Pellkartoffel *f*
patate *fpl* **cotte a vapore** Dampfkartoffeln *fpl*
patatine *fpl* **fritte** Pommes frites *fpl*, Fritten *fpl*
pâté *m* Pastete *f*
pâté *m* **de foie gras** Stopfleberpastete *f (Gans, Ente)*
pâtè *m* **di fegato d'oca** Gänseleberpastete *f*
pâté *m* **in crosta** Pastete *f* im Teigmantel
pecora *f* Schaf *f*
pecorino *m würziger Hartkäse aus Schafmilch, mit verschiedenen regionalen Varianten, als Tafelkäse oder gerieben zu Pastagerichten*
peduncolo *m* Stiel *m (Obst)*
pelagrumi *m* Zitronenschaber *m*
pelapatate *m* Sparschäler *m*
pelare *v* 1. abziehen; 2. schälen *(Früchte)*
pelati *mpl* geschälte Tomaten *fpl*
pelle *f* Haut *f*
pellicola *f* **trasparente** Klarsichtfolie *f*, Folie *f*
penne *fpl* **all'arrabbiata** *Penne mit einer scharfen Soße aus Tomaten, Chili, Zwiebeln und Knoblauch, ursprünglich aus Latium*
pennello *m* Pinsel *m*
pennello *m* **per dolci** Backpinsel *m*
pentola *f* Kochtopf *m*, Topf *m*
pentola *f* **a pressione** Druckkochkessel *m*, Schnellkochtopf *m*
pentola *f* **da brasato, pentola** *f* **da stufato** Schmortopf *m*
pentola *f* **di terracotta** Römertopf *m*
pepare *v* pfeffern
pepe *m* Pfeffer *m*
pepe *m* **di Caienna** Cayennepfeffer *m*
pepe *m* **in grani** Pfefferkorn *n*
pepe *m* **rosso in grani** rotes Pfefferkorn *n*
peperoncino *m* Chili *m*
peperone *m* Paprikaschote *f (Gemüse)*

pepiera *f* Pfefferstreuer *m*
pera *f* Birne *f*
perdere *v* verlieren
perdita *f* Verlust *m*
periodo *m* **di attesa** Wartezeit *f*
pernice *f* **grigia** Rebhuhn *n*
personale *m* **di cucina** Küchenpersonal *n*
personale *m* **di servizio** Bedienung *f*
pesante schwer
pesare *v* wiegen
pesatura *f* Wiegen *n*
pesca *f* 1. Fischfang *m*; 2. Pfirsich *m*
pesca *f* **di vigna** Weinbergpfirsich *m*
pesca *f* **noce** Nektarine *f*
pescare *v* fischen
pescatore *m* Fischer *m*
pesce *m* Fisch *m*
pesce *m* **affumicato** Räucherfisch *m*
pesce *m* **d'acqua dolce** Süßwasserfisch *m*
pesce *m* **d'acqua salata** Meeresfisch *m*, Seefisch *m*
pesce *m* **persico** Barsch *m*, Eglifisch *m* *(Perca fluviatilis: Süßwasserfisch)*
pesce *m* **ragno** Petermännchen *n* *(Trachinus draco)*
pesce *m* **San Pietro** Petersfisch *m* *(Zeus faber)*
pesce *m* **spada** Schwertfisch *m* *(Xiphias gladius)*
pesciera *f*, **pesciaiola** Fischkessel *m*
pescivendolo *m* Fischhändler *m*
peso *m* Gewicht *n* • **a peso** nach Gewicht
pestare *v* zerstoßen
pestello *m* Stößel *m*, Stampfer *m*
pesto *m* **alla genovese** *grüne Nudelsoße aus Ligurien, aus Basilikum, Pinienkernen, Parmesan, Knoblauch*
pettine *m* **di mare** Meermandel *f*, Kammmuschel *f*
petto *m* Brust *f*
petto *m* **d'anatra** Entenbrust *f*, Brustfilet *n*
pezzo *m* Stück *n*
pezzo *m*/**primo** Anschnitt *m*
pezzo *m*/**ultimo** Endstück *n*
piano *m* **di lavoro** Anrichtefläche *f*
pianta *f* **aromatica** Gewürzpflanze *f*
piastra *f* Platte *f*, Herdplatte *f*
piastra *f* **per cialde** *s.* cialdiera
piatti *mpl* Geschirr *n*
piattino *m* Untertasse *f*
piatto flach
piatto *m* 1. Teller *m*; 2. Gang *m*; 3. Gericht *n*, Speise *f*
piatto *m* **abituale** Stammgericht *n*
piatto *m* **del giorno** Tagesgericht *n*
piatto *m* **di portata** Platte *f*
piatto *m* **fondo** Suppenteller *m*, tiefer Teller *m*
piatto *m* **freddo** kalte Platte *f*
piatto *m* **piano** flacher Teller *m*
piatto *m* **principale** Hauptgang *m*, Hauptgericht *n*
piatto *m* **unico** Tellergericht *n*
piccante scharf, pikant
picchettare *v* spicken
picchiettare *v* sprenkeln, tüpfeln
picciolo *m* Stiel *m* *(Obst)*
piccione *m* Taube *f*
pietanza *f* Gericht *n*, Speise *f*
pila *f* Stapel *m* *(Teller)*
pimpinella *f* Pimpernell *m*
pinna *f* Flosse *f*
pinolo *m* Pinienkern *m*
pinza *f* **per gamberi** Hummerzange *f*
pinza *f* **per lumache** Schneckenzange *f*
pinzimonio/in *m* *Soße aus extra-nativem Olivenöl, Salz, Pfeffer, Zitronensaft oder Essig, in die rohes Gemüse (Karotten, Artischocken, Fenchelknollen, Stangensellerie usw.) eingetaucht wird*
pirex *m* *feuerfestes Glas*
pisello *m* Erbse *f*
pisello *m* **secco** Trockenerbse *f*
pisello *m* **secco spezzato** kleine halbe Trockenerbse *f*
pistacchio *m* Pistazie *f*
pistillo *m* **di zafferano** Safranpistill *m*
piuma *f* Feder *f*
pizza *f* Pizza *f*
pizzetta *f* *kleine Pizza*
pizzico *m* Messerspitze *f* *(eine sehr kleine Menge)*
plasmare *v* formen
platessa *f* Scholle *f*, Goldbutt *m* *(Pleuronectes platessa)*
poco a poco/a nach und nach
polenta *f* *traditionelles Gericht aus Maismehl, als Beilage zu Gulasch, Braten oder „salsiccia", zu Pilzen oder verschiedenen Ragouts; sehr verbreitet in Norditalien*
polenta *f* **ai quattro formaggi** *Polenta mit vier Käsesorten (z. B. Tomini, Fontina, Gorgonzola, geriebenem Parmesan), die unter die heiße Polenta gemischt werden*
polenta *f* **taragna** *Polenta aus Buchweizenmehl*

pollame *m* Geflügelfleisch *n*, Geflügel *n*
pollastrello *m*, **pollastro** *m* Hühnchen *n*, Hähnchen *n*
pollastro *m* **da ingrasso** Poularde *f*, Pularde *f*
pollo *m* Huhn *n*
pollo *m* **arrosto** Brathähnchen *n*, Brathühnchen *n*
pollo *m* **da ingrasso** Masthuhn *n*
polmone *m* Lunge *f*
polpa *f* 1. *knochenloses Fleisch*; *2.* Fruchtfleisch *n*
polpetta *f* Boulette *f*, Kloß *m*, Klops *m*
polpetta *f* **di carne** Fleischklößchen *n*, Frikadelle *f*, Fleischpflanzl *n*
polpettina *f* Klößchen *n*
polpo *m* Krake *f*, Tintenfisch *m*
polvere *f* Pulver *n*
pomodorino *m* **ciliegia** Cocktailtomate *f*
pomodoro *m* Tomate *f*
pompelmo *m* Pampelmuse *f*, Grapefruit *f*
popolare beliebt
porcellana *f* Porzellan *n*
porcellana *f* **resistente al calore del forno, porcellana** *f* **resistente al fuoco** feuerfestes Porzellan *n*
porcellino *m s.* maialino
porchetta *f* Spanferkel *n*
porgere *v* durchreichen
porro *m* Lauch *m*, Porree *m (Allium porrum)*
portaburro *m* Butterdose *f*
portacenere *m*, **posacenere** *m* Aschenbecher *m*
portaposate *m* Besteckkasten *m*
portare *v* **a ebollizione** aufkochen, zum Sieden bringen
portasapone *m* Seifenhalter *m*
portata *m* Gang *m*
portauovo *m* Eierbecher *m*
porzione *f* Portion *f*
posate *fpl* Besteck *n*
posate *fpl* **da portata** Vorlegebesteck *n*
povero di grassi fettarm
pralina *f* Praline *f*
pranzare *v* zu Mittag essen
pranzo *m* Mittagessen *n*
pranzo *m* **d'affari** Geschäftsessen *n*
precisione *f* Genauigkeit *f*
preciso, precisamente genau
precotto vorgebacken, vorgekocht
prelibatezza *f* Köstlichkeit *f*
premere *v* drücken, pressen
prendere *v* **nota** aufschreiben, notieren
prenotare *v* reservieren
prenotazione *f* Reservierung *f*
preparare *v* herrichten, vorbereiten, zubereiten
preparare *v* **per la cottura** parieren
preparativi *mpl* vorbereitende Arbeiten *fpl*
preparazione *f* Vorbereitung *f*, Zubereitung *f*
preriscaldare *v* vorheizen
presa *f* Prise *f*
presame *m s.* caglio
prescrivere *v* vorschreiben
prescrizione *f* Vorschrift *f*
pressa *f* Presse *f*
pressare *v* zerdrücken, zusammendrücken
pressione *f* Druck *m*
preventivo *m* Berechnung *f*
prezzemolo *m* Petersilie *f*
prezzo *m* Preis *m* • **tutto compreso, tutto incluso nel prezzo** alles im Preis inbegriffen
prezzo *m* **di costo** Selbstkostenpreis *m*
prima colazione *f* Frühstück *n*
primizie *fpl* Frühgemüse *n*
prodotto *m* Erzeugnis *n*
produrre *v* herstellen
produttore *m* Hersteller *m*
produzione *f* Herstellung *f*
profitto *m* Gewinn *m*
profumo *m* Duft *m*, Wohlgeruch *m*
prolunga *f* Verlängerungskabel *n*
prolungamento *m* Verlängerung *f (Dauer)*
prolungare *v* verlängern *(Dauer)*
pronto fertig
pronto per essere cotto bratfertig, schmorfertig
pronto per essere cucinato kochfertig
proprietà *f* Eigenschaft *f*
prosciutto *m* Schinken *m*
prosciutto *m* **con l'osso** Knochenschinken *m*
prosciutto *m* **cotto** gekochter Schinken *m*
prosciutto *m* **crudo** Rohschinken *m*
prosciutto *m* **di Parma** Parmaschinken *m (luftgetrocknet, mit einer Reifezeit von ca. einem Jahr, ideal als Vorspeise – DOP)*
prosciutto *m* **di San Daniele** *der berühmteste luftgetrocknete Schinken Italiens, aus Friaul, mit einer Reifezeit von über einem Jahr nach dem Einsalzen und der Pressung (DOP)*
prosciutto *m* **e melone** *m* Schinken *m* und Honigmelone *f (Vorspeise)*
proteina *f* Eiweiß *n*
protetto geschützt

provare *v* 1. probieren; 2. *s.* assaggiare
provenienza *f* Herkunft *f*
prugna *f* Pflaume *f*, Zwetschge *f*
prugna *f* **regina Claudia** Reineclaude *f*, Reneklode *f*
prugna *f* **secca** Backpflaume *f*, Dörrpflaume *f*
pugno *m* Handgriff *m* • **un pugno di** eine Hand voll
pugno *m*/**piccolo** kleiner Handgriff *m*
pulire *v* putzen, reinigen
pulito sauber
pulitura *f* Reinigung *f*
pulizia *f* Sauberkeit *f*
pulsante *m* **d'arresto** Stopptaste *f*
punta *f s.* pizzico
punta *f* **d'asparago** Spargelspitze *f*
punta *f* **di coltello** Messerspitze *f*
puntino/a gar *(gekocht)*
punto *m* **d'ebollizione** Siedepunkt *m* *(Flüssigkeiten)*
punto *m* **di congelamento** Gefrierpunkt *m*
punto *m* **di cottura** Kochpunkt *m* *(Speisen)*
punto giusto/al *s.* puntino/a
purè *m*, **purea** *f* Brei *m*, Püree *n* • **fare un purè, fare una purea** pürieren
purea *f* **di cipolle** Zwiebelmus *n*
purificare *v* klären
puro rein
puttanesca/alla *Pastasoße „nach Hurenart" aus Sardellen, schwarzen Oliven, Kapern, Tomaten, Knoblauch, Chili und Petersilie*

Q

quaglia *f* Wachtel *f*
qualità *f* Eigenschaft *f*, Qualität *f*
quantità *f* Menge *f*, Umfang *m*
quark *m* Quark *m*
quartino *m*, **quarto** *m* Viertel *n* *(Wein)*
q.b. *(Abk. für: quanto basta)* in hinreichende Menge

R

rabarbaro *m* Rhabarber *m*
raccoglibriciole *m* Krümelschublade *f* *(Toaster)*
raccolta *f* **differenziata** Mülltrennung *f*
raccomandare *v* empfehlen
raccomandazione *f* Empfehlung *f*
rafano *m* Rettich *m*
raffermo altbacken *(Brot)*
raffinare *v* klären *(Zucker)*
raffinato klar *(Zucker)*
raffreddamento *m* Kühlung *f*, Kühlverfahren *n*
raffreddare *v* kühlen; abschrecken • **lasciar raffreddare** abkühlen lassen, erkalten lassen
raffreddare *v* **con l'acqua** *s.* tuffare in acqua fredda
ragù/al *Pastasoße aus gehacktem Fleisch, Gewürzen und anderen Zutaten*
ragù *m* **alla bolognese** *Pastasoße nach Bologneser Art mit gehacktem Rindfleisch, Tomatensoße, gehacktem Gemüse (Zwiebeln, Karotten, Stangensellerie), Olivenöl, Salz, Pfeffer*
ramaiolo *m* Kochlöffel *m*
ramo *m* Zweig *m*
rana *f* **pescatrice** Seeteufel *m* *(Lophius piscatorius)*
rancido ranzig
rapa *f* Kohlrübe *f*, Rübe *f*, Steckrübe *f*
rapanello *m* Radieschen *n*
raschiare *v* schaben
raschiatoio *m*, **raschietto** *m* Schaber *m*
razza *f* Rochen *m* *(verschiedene Arten von Raja)*
recidere *v* abschneiden
recipiente *m* Behälter *m*
reclamare *v* beanstanden
reclamo *m* Beschwerde *f*, Beanstandung *f*
recuperare *v* wiederverwerten
refrigerare *v* sehr stark kühlen
refrigerazione *f* Kühlung *f*, Kühlverfahren *n*
reggimestoli *m* Löffelhalter *m*
regolare gleichförmig
regolatore *m* **della colorazione** Bräunungsregler *m*
rendere *v* **più delicato** *s.* affinare
residuo *m* Rückstand *m*
resistente widerstandsfähig
resistente al calore hitzebeständig
resistente al calore del forno, resistente al fuoco feuerfest
rete *f* Netz *n*, Netzfett *n*
retrocucina *f* Geschirrspülraum *m*
ribaltare *v* kippen
ribes *m* **comune** rote Johannisbeere *f*
ribes *m* **nero** schwarze Johannisbeere *f*

riccio *m* **di mare** Seeigel *m (Paracentrotus lividus)*
ricetta *f* Rezept *n*
ricevere *v* empfangen
ricevimento *m* Empfang *m*
riciclare *v* wieder verwerten
ricoprire *v* abdecken, zudecken
ricoprire *v* **con qc, ricoprire** *v* **di qc** mit etw. ummanteln, mit etw. überziehen
ricotta *f Frischkäse aus der Molke (Kuh- und Schafsmilch), der in der italienischen Küche in vielfacher Weise für Füllungen (Zucchini, Cannelloni), Kuchen und Desserts verwendet wird*
ridurre *v s.* far ridurre
ridurre *v* **in schegge** absplittern
riempire *v* füllen, farcieren *(im Allgemeinen)*
rifiuti *mpl* Abfälle *mpl*
rimanere *v* **appiccicato, rimanere** *v* **incollato** kleben
rimescolare *v* **bene** durchrühren
rimestamento *m* Rühren *n*
rimestare *v* rühren, umrühren
rimovibile abnehmbar
rimpiazzare *v* ersetzen
rimuovere *v* entfernen, wegnehmen
rintracciabilità *f* Rückverfolgbarkeit *f*
ripiano *m* Brett *n*
ripieno *m* Farce *f*, Füllung *f*, Brät *n*, Dressing *n*
riposare *v* ruhen • **lasciar riposare** ruhen lassen
riscaldare *v* aufkochen, aufwärmen, erhitzen
riscaldato a bagnomaria im Wasserbad erhitzt
risciacquare *v* spülen, ausspülen
riservare *v* reservieren
riservare *v* **un tavolo** einen Tisch bestellen
risi e bisi *mpl typisches Reisgericht aus Venetien mit Erbsen*
riso *m* Reis *m*
riso *m* **al latte** Milchreis *m*, Reisbrei *m*
riso *m* **in brodo** Reis *m* in der Brühe
risotto *m Reisgericht in vielen Varianten und Farben je nach Zutaten und Geschmack, meist mit geriebenem Parmesan bestreut*
risotto *m* **al salto** *Omelette mit schon gegartem Reis*
risotto *m* **alla milanese** *Reisgericht nach Mailänder Art mit Safran und geriebenem Parmesan*
risotto *m* **con le cozze** *Reisgericht mit Miesmuscheln*
risotto *m* **con le salsicce** *Reisgericht mit gebratenen Würsten*
risotto *m* **nero con le seppie** *Reisgericht mit Tintenfischen*
risotto *m* **verde** *Reisgericht mit Spinat*
ritagliare *v* ausschneiden
ritirare *v* entziehen
riutilizzare *v* wiederverwerten
rivestimento *m* Übergießen *n*
rivestimento *m* **antiaderente** Antihaftbelag *m* • **con rivestimento antiaderente** beschichtet
rivoltare *v* drehen, umdrehen, wenden
roast beef *m* Roastbeef *n*
robiola *f Käse aus Kuh-, Ziegen- oder Schafsmilch, der entweder frisch, mild, und streichfähig oder gereift und pikant sein kann*
rognone *m* Niere *f*
rognone *m* **di montone** Hammelhoden *m*
rolata *f*, **rollè** *m* Rollbraten *m*
rombo *m* **chiodato** Steinbutt *m (Psetta maximus: Meeresfisch)*
rombo *m* **liscio** Glattbutt *m (Scophthalmus rhombus: Meeresfisch)*
rompere *v* brechen, zerbrechen
rompersi *v* brechen
rosetta *f* Semmel *f*
rosmarino *m* Rosmarin *m*
rosolare *v* abbräunen, bräunen, anbraten • **far rosolare** bräunen
rosolare *v* **leggermente** goldgelb anbräunen
rosso *m* **dell'uovo** Eigelb *n*, Eidotter
rosticceria *f* Garküche *f*, Rostbratküche *f*
rotondo rund
rovesciare *v* 1. kippen, umkippen; 2. verschütten *(aus Versehen)*
rubinetto *m* Wasserhahn *m*
ruchetta *f*, **rucola** *f* Rauke *f*, Rucola *f*
rullo *m* Rolle *f*, Walze *f*
rum *m* Rum *m*
rumine *m* Pansen *m*
rustico ländlich *(einfach)*

S

sacchettino *m* Säckchen *n*
sacchetto *m* Beutel *m*
sacchetto *m* **della spazzatura, sacchetto** *m* **dell'immondizia** Müllbeutel *m*

sala *f* **da pranzo** Speisesaal *m*
salamandra *f* Salamander *m*
salame *m* größere Wurst *f*
salame *m* **all'aglio** Knoblauchwurst *f*
salame *m* **di Milano** Mailänder Salami *f* *(feinkörnige Salami)*
salamino *m* Knackwurst *f*
salamoia *f* Salzlake *f*, Pökellake *f*
salare *v* salzen
salatino *m* Salzgebäck *n*
sale *m* Salz *m* • **senza sale** salzlos
salicornia *f* Gemüsealge *f*, Queller *m*
saliera *f* Salzstreuer *m*
salmerino *m* Saibling *m* *(verschiedene Arten der Salmonidae; Süßwasserfisch)*
salmistrare *v* pökeln, einsalzen
salmone *m* Lachs *m*, Salm *m* *(verschiedene Arten der Salmonidae; Süßwasserfisch)*
salsa *f* Soße *f*
salsa *f* **bianca** weiße Buttersoße *f*
salsa *f* **di pomodoro** Tomatensoße *f*
salsiccia *f* Wurst *f*
salsiccia *f* **bianca** Weißwurst *f*
salsiccia *f* **cruda** Rohwurst *f*
salsiccia *f*/**piccola** Würstchen *n*
salsicciotto *m* größere Wurst *f*
salsiera *f* Soßenschüssel *f*
saltare *v* scharf anbraten
saltimbocca *mpl* **alla romana** *Römisches Gericht aus kleinen, in Butter gebratenen Kalbsschnitzeln mit rohem Schinken, Salbei und Weißwein (Rom), die „in den Mund springen", wie der Name besagt*
salutare *v* begrüßen
salute *f* Gesundheit *f*
saluto *m* Begrüßung *f*
salvastrella *f* Pimpernell *m*
salvia *f* Salbei *m*
sambuco *m* Holunder *m*
sangue *m* Blut *n*
sanguinaccio *m* Blutwurst *f*
sanguinella *f* Blutorange *f*
sano gesund
santoreggia *f* Bohnenkraut *n*
sapere *v* **di** schmecken nach
sapone *m* Seife *f*
sapore *m* Geschmack *m* • **avere sapore di** *s.* sapere di
saporito schmackhaft
savarin *m* Punschring *m*
savoiardo *m* Löffelbiskuit *n*
sbattere *v* schlagen, verquirlen
sbieco/di schräg
sbollentare *v* abbrühen, blanchieren
sbriciolare *v* krümeln, zerbröseln
sbrinare *v* enteisen
sbucciare *v* entschalen *(Mandeln)*; schälen *(Früchte)*
scaffale *m* Regal *n*
scaglia *f s.* squama
scaglietta *f* Raspel *f*, Reibe *f*
scaldapiatti *m* Tellerwärmer *m*
scaldare *v* erhitzen, heiß machen
scaldato a bagnomaria im Wasserbad erhitzt
scaldavivande *m* Rechaud *m*, Warmhalteplatte *f*
scalogno *m* Schalotte *f*, Schalottenzwiebel *f*
scaloppa *f*, **scaloppina** *f* Schnitzel *n*
scaloppina *f* **alla panna** Rahmschnitzel *n*
scampo *m* Scampo *m*, Hummerkrabbe *f*, Kaisergranat *m* *(Nephrops norvegicus)*
scanalare *v* 1. kannelieren *(Teig)*; 2. mit Rillen verzieren
scannellare *v s.* scanalare 1.
scardola *f* Brasse *f* *(Scardinus erythrophthalmus: Süßwasserfisch)*
scarola *f* Endivie *f*
scarto *m s.* residuo
scatola *f* Dose *f*
scatoletta *f* Dose *f*
scavare *v* aushöhlen
scegliere *v* auswählen, wählen
scelta *f* Auswahl *f*, Wahl *f* • **a scelta** nach Wahl
schiaccianoci *m* Nussknacker *m*
schiacciapatate *m* Püreepresse *f*
schiacciare *v* zerdrücken, zerstoßen, zusammendrücken
schiacciata *f s.* focaccia
schiena *f* Rücken *m*
schiuma *f* Schaum *m* • **fare schiuma** schäumen
schiumaiola *f* Sieblöffel *m*
schiumare *v* entschäumen, Schaum abschöpfen
schiumarola *f* Schaumkelle *f*, Schaumlöffel *m*
schiumarola *f* **a rete** Siebkelle *f*
schiumarola *f* **per fritti** Frittürekelle *f*
schiumoso schaumig
schizzare *v* spritzen, verspritzen
sciacquadita *m* Fingerschale *f*
sciacquare *v* spülen, spülen, ausspülen
sciogliere *v* schmelzen, zerlassen
sciogliere *v* **qc** etw. auflösen

sciogliersi *v* abtauen, sich auflösen, schmelzen, sich lösen
sciroppo *m* Sirup *m*
sciroppo *m* **d'acero** Ahornsirup *m*
sciroppo *m* **di menta** Pfefferminzsirup *m*
sciroppo *m* **per granite** *Sirup für Gramoladen*
scivolare *v* rutschen
scodella *f* Schale *f*, Schüssel *f*, Napf *m*
scodellina *f* Schälchen *n*
scolapiatti *m* Abtropfgitter *n*
scolare *v* abgießen
scolatoio *m* **per insalata** Salatseiher *m*
scongelare *v*, **scongelarsi** *v* auftauen
scopa *f* Besen *m*
scopare *v* kehren, fegen
scorfano *m* **atlantico** Rotbarsch *m*, Goldbarsch *m (Sebastes marinus: Meeresfisch)*
scorpacciata *f* Völlerei *f*
scorrere *v* fließen
scorza *f* Schale *f (Zitrone, Orange)*
scorza *f* **d'arancia candita** Orangeat *n*
scorza *f* **del limone** Zitronenschale *f*
scorza *f* **di limone candita** Zitronat *n*
scorzonera *f* Schwarzwurzel *f*
scotennare *v* abschwarten, entschwarten
scottare *v* schwenken *(im Butter, Öl)*
scremare *v* entfetten, entrahmen; Rahm abschöpfen
scrollare *v* schütteln
scuoiare *v* abhäuten, Haut abziehen, enthäuten
scuotere *v* schütteln
scurire *v* bräunen
scuro dunkel
seccare *v* trocknen
seccarsi *v* austrocknen
secchiello *m* **dello spumante** Sektkühler *m*
secco trocken *(Wein, Sekt)*
sedano *m* Sellerie *m*, Staudensellerie *m*, Stangensellerie *m*
sedano *m* **di monte** Liebstöckel *m*, Maggikraut *n (Levisticum officinalis: Doldengewächs)*
sedano *m* **rapa** Sellerieknolle *f*
sedia *f* Stuhl *m*
sega *f* **per ossi** Knochensäge *f*
segala *f*, **segale** *f* Roggen *m*
seggiolino *m* **per bambini** Kindersitz *m*
sego *m* Talg *m*
selezione *f* **di formaggi** Käseplatte *f*
sella *f* Sattel *m (Kalb, Hammel)*
selvaggina *f* Wild *n*, Wildbret *n*
selvaggina *f* **di pelo** Haarwild *n*
selvaggina *f* **piumata** Federwild *n*
seme *m* Kern *m*, Samen *m*
semente *f*, **semenza** *f* Samen *m*
semiamaro halbbitter
semifreddo *m* Parfait *n*
semolato Raffinade *f*
semolino *m* Gries *m*
semplice einfach
senape *f* Senf *m* • **con senape** mit Senf versetzt
sensore *m* **di temperatura** Temperatursensor *m*
sentire *v* **l'odore** riechen
separabile in due parti durchtrennbar
separare *v* trennen
separatore *m* **di grassi** Fettabscheider *m*
separazione *f* Trennung *f*
seppia *f* Tintenfisch *m (verschiedene Arten von Decapoda und Octopoda)*
servire *v* servieren, bedienen, aufwarten
servire *v* **sul piatto di portata** vorlegen
servizio *m* 1. Bedienung *f*; 2. Bedienungsgeld *n* • **servizio compreso** Bedienungsgeld inbegriffen • **servizio escluso** Bedienungsgeld nicht inbegriffen
setacciare *v* durchsieben, aussieben, sieben
setacciare *v* **la farina** Mehl sieben
setacciatore *m* kleines Siebgerät *n*
setaccio *m* Sieb *n*
setaccio *m* **di crine** Haarsieb *n*
setaccio *m* **per farina** Mehlsieb *n*
sfilare *v* abziehen
sfilatino *m* Stangenbrot *n*
sfilettare *v* filetieren, filieren *(Fisch)*
sfoglia *f* ausgerollter Teig *m*
sfogliare *v* verlesen *(Salat)*
sformare *v* aus der Form nehmen
sformato *m* Auflauf *m*
sformato *m* **di cipolle** Zwiebelkuchen *m*
sformato *m* **di spinaci** Spinatauflauf *m*
sfumatura *f* Bräunung *f*
sfuso nicht abgepackt
sgabello *m* **a tre gambe** *s.* treppiede
sgelarsi *v* abtauen
sgocciolare *v* abtropfen
sgombro *m s.* Makrele
sgrassare *v* entfetten, Fett abschöpfen
sgusciare *v* enthülsen, entschalen *(Mandeln usw.)*; schälen *(Eier)*

sidro *m* Apfelwein *m*
siero *m* **di latte** Molke *f*
siluro *m* **d'Europa** Wels *m*, Waller *m* *(Silurus glanis: Süßwasserfisch)*
sintetico künstlich
sistemare *v* herrichten
smaltato emailliert
smalto *m* Email *n*
sminuzzare *v* krümeln, zerbröseln
smontabile abnehmbar
snocciolare *v* entkernen, entsteinen
sodo fest, kernig
soffice locker *(Teig)*; weich, mürb
soffritto *m* *in Olivenöl angeschmortes, fein gehacktes Gemüse (Zwiebeln, Knoblauch, Kräuter, Stangensellerie) oder Speckwürfel als Grundlage für viele Gerichte*
soffritto *m* **con farina** Einbrenne *f*, Mehlschwitze *f*
sogliola *f* Seezunge *f (verschiedene Arten von Soleidae)*
soldi *mpl* Geld *n*
solito gewöhnlich
soluzione *f* Lösung *f*
sommelier *m* Sommelier *m*, Weinkellner *m*
soppressa *f Wurst aus Schweinefleisch mit Knoblauch aus Venetien*
sorbetto *m* Fruchtsafteis *n*, Sorbett *n*
sorpresa *f* Überraschung *f*
sostanza *f* **nutritiva** Nährstoff *m*
sostituire *v* ersetzen
sostituzione *f* Ersatz *m*
sottile dünn
sottocoppa *m* Untertasse *f*
sottopentola *f* Untersatz *m*
sottrarre *v* entziehen
soufflé *m* Auflauf *m*
soufflè *m* **di spinaci** *s.* sformato di spinaci
sovrapporre *v* aufeinander legen
sovrapprezzo *m* Aufpreis *m*
spaghetti *mpl* Spaghetti *mpl*
spaghetti *mpl* **aglio e olio** *Spaghetti mit Knoblauch, Olivenöl, Pfeffer und Petersilie*
spaghetti *mpl* **aglio, olio e peperoncino** *Spaghetti mit Knoblauch, Olivenöl und Chili*
spaghetti *mpl* **alle vongole** *Spaghetti mit Venusmuscheln, Tomaten, Knoblauch, Pfeffer und Petersilie*
spago *m* Bindfaden *m*
spalla *f* Schulter *f*, Bug *m*
spalla *f* **di maiale** Schweineschulter *f*
spalmabile streichfähig
spalmare *v* streichen *(Butter, Marmelade usw.)*
spalmare *v* **qc** mit etw. bestreichen
sparecchiare *v* abdecken *(Tisch)*
spargere *v* streuen
spargipepe *m s.* pepiera
spargisale *m s.* saliera
spatola *f* Spachtel *m*, Spatel *m*
spatola *f* **per il pesce** Fischheber *m*
spazio *m* Raum *m*
spazio *m* **intermedio** Zwischenraum *m*
spazzare *v s.* scopare
spazzola *f* Bürste *f*
spazzolare *v* bürsten
specialità *f* Spezialität *f*
spegnere *v* ablöschen
spellare *v* Haut abziehen
spelta *f* Dinkel(weizen) *m*
spennare *v* rupfen
spennellare *v* **con tuorlo d'uovo** mit Eigelb bestreichen
sperlano *m* Stint *m (Osmerus eperlanus: kleiner Meeresfisch)*
spesso dick
spessore *m* Dicke *f*
spezie *fpl* Gewürz *n*, Würze *f*
spezzare *v s.* rompere
spezzarsi *v* brechen
spezzatino *m* Gulasch *m*
spianare *v* flach schlagen, rollen *(Teig)*; ausrollen, abflachen
spiccato ausgeprägt
spicchio *m* **d'aglio** Knoblauchzehe *f*
spiedino *m* Spießchen *n*
spiedino *m* **di carne** Fleischspießchen *n*
spiedino *m* **per involtini** Rouladennadel *f*, Rouladenspieß *m*
spiedo *m* Bratspieß *m*, Drehspieß *m*, Spieß *m*
spigola *f s.* branzino
spina *f* **di pesce** Gräte *f*
spinaci *mpl* Spinat *m*
spinaci *mpl* **in foglia** Blattspinat *m*
spinarolo *m* **imperiale** Dornhai *m (Squalus acanthias)*
spingere *v* schieben
splendore *m* Glanz *m*
sporcare *v* beschmutzen, verunreinigen
spratto *m* Sprotte *f (Sprattus sprattus)*
spremere *v* drücken, pressen
spremiaglio *m* Knoblauchpresse *f*

spremifrutta *m* Fruchtpresse *f*, Saftpresse *f*
spremilimoni *m* Zitronenpresse *f*
spremitoio *m* Presse *f*
spruzzare *v* 1. benetzen; 2. spritzen, verspritzen
spugna *f* Schwamm *m*
spugnola *f* Morchel *f* *(Morchella vulgaris: Speisepilz)*
spuma *f* Schaum *m*
spumante *m* Schaumwein *m*, Sekt *m*
spumeggiare *v* schäumen
spumoso schaumig
spuntino *m* Brotzeit *f*, Imbiss *m*
squadra *f* **di cucina** Küchenbrigade *f*
squalo *m* Hai *m*, Haifisch *m*
squama *f* Fischschuppe *f*, Schuppe *f*
squamare *v* entschuppen
squamatrice *f* **manuale** Entschuppungsgerät *n*
squisito köstlich, vorzüglich
staccabile abnehmbar
staccare *v* loslösen, losmachen
staccarsi *v* sich ablösen, sich lösen
staccio *m* Siebtuch *n*
stagionale, di stagione abhängig von der Jahreszeit, jahreszeitlich bedingt
stagionato gereift *(Käse)*
stagione *f* Jahreszeit *f*
stampino *m* **per ritagliare la pasta** Ausstecher *m*, Ausstecherform *f*, Teigausstecher *m*
stampo *m* Form *f*, Model *m*
stampo *m* **per prosciutto** Schinkenform *f*
stampo *m* **per sformati** Auflaufform *f*
stantio *s.* raffermo
stanza *f* Zimmer *n*
stappare *v* entkorken
starna *f* Rebhuhn *n*
stemperare *v* **qc** etw. auflösen
stendere *v* ausbreiten, ausrollen *(Teig)*; legen, rollen *(Teig)*
stimato geschätzt
stinco *m* Hachse *f*, Haxe *f*
stinco *m* **di maiale in salamoia** Eisbein *n*, Surhachse *f*, Surhaxe *f*
stoccafisso *m* Stockfisch *m*, Klippfisch *m*
stomaco *m* Magen *m*
storione *m* Stör *m* *(Acipenser sturio)*
stoviglie *fpl* Geschirr *n*
stracchino *m* *kremiger, streichfähiger Frischkäse aus Kuhmilch (Lombardei)*
straccio *m* **da pavimenti** Aufnehmer *m*, Bodenlappen *m*
straccio *m* **per i piatti** Spüllappen *m*
strato *m* Schicht *f*
strinare *v* abflämmen
striscia *f* Streifen *m*
strofinaccio *m* Geschirrtuch *n*
strofinaccio *m* **per bicchieri** Gläser(trocken)tuch *n*
strudel *m* Strudel *m* *(süßes oder gesalzenes Hefeteiggebäck, mit vielfältigen Füllungen; verbreitet in Süddeutschland, Österreich, im Trentino und in Südtirol)*
strudel *m* **di mele** Apfelstrudel *m*
strutto *m* **di maiale** Schweineschmalz *n*, Schmalz *n*
struzzo *m* Strauß *m*
stufare *v* dünsten, schmoren
stufato *m* Schmorbraten *m*
stufato *m* **di selvaggina** Wildpfeffer *m*, Wildragout *n*
sturare *v* entkorken
stuzzicadenti *m* Zahnstocher *m*
succedaneo *m* Ersatz *m*
succo *m* Saft *m*
succo *m* **di frutta** Fruchtsaft *m*
succoso saftig
succulento *s.* succoso
suddividere *v* verteilen
sugna *f* Nierenfett *n*, Schmer *m*, Flomen *m*
sugo *m* **della carne** Fond *m*
sugoso saftig
suolo *m* Grund *m*
superficie *f* Oberfläche *f*
supplementare zusätzlich
supporto *m* Untersatz *m*
surgelare *v* tiefgefrieren
surrogato *m* Ersatz *m*
susina *f* Zwetschge *f*
svariato abwechslungsreich
svuotare *v* 1. *s.* vuotare; 2. ausnehmen

T

tacchina *f* Truthenne *f*
tacchino *m* Pute *f*, Truthahn *m*, Puter *m*
taccola *f* Zuckerschote *f*, Kaiserschote *f*
tagliapatate *m* Pommes-frites-Schneider *m*
tagliare *v* abschneiden, schneiden, ausschneiden *(Überschüssiges)*; durchschneiden; hobeln, zuschneiden

tagliare *v* **a fette** in Scheiben schneiden
tagliare *v* **a pezzi** zerlegen *(Fleisch)*
tagliare *v* **a striscioline** schnetzeln, in Streifen schneiden
tagliare *v* **fine, tagliare** *v* **finemente** fein schneiden
tagliatelle *fpl* Bandnudeln *fpl*
tagliatrice *f* Schneidemaschine *f*
tagliauova *m* Eierschneider *m*
tagliente scharf *(Messer)*
tagliere *m* Schneidebrett *n*, Tranchierbrett *n*
taglierina *f s.* tagliatrice
taglio *m* Schnitt *m*, Aufschnitt *m*, Einschnitt *m*, Zuschnitt *m*
tapioca *f* Sago *m*
tappo *m* Korken *m*
tartara *f* rohes Hacksteak *n*
tartaruga *f* Schildkröte *f*
tarteletta *f* Tortelett *n*, Törtchen *n*
tartufo *m* Trüffel *m*
tartufo *m* **di mare** (warzige) Venusmuschel *f (Venus verrucosa)*
tasca *f* **per dolci** Spritzbeutel *m*, Spritztüte *f*
tassa *f s.* imposta
tavola *f* 1. Tisch *m*; 2. Brett *n*
tavoletta *f* **di cioccolato** Tafel *f* Schokolade
tavolo *m* Tisch *m*
tavolo *m* **armadiato riscaldato** Wärmtisch *m*
tavolo *m* **da lavoro** Arbeitstisch *m*
tavolo *m* **di servizio** Anrichtetisch *m*
tavolo *m* **riservato a clienti abituali** Stammtisch *m*
tazza *f* Tasse *f*
tazzina *f* **da caffè** Espresso-Tasse *f*
tè *m* Tee *m*
tegame *m* Sauteuse *f*, Flachkasserolle *f*
temolo *m* Äsche *f (Thymallus thymallus: Süßwasserfisch)*
temperatura *f* Temperatur *f*
temperatura *f* **ambiente** Raumtemperatur *f* • **a temperatura ambiente** temperiert *(Wein)*
temperatura *f* **del forno** Backtemperatur *f*
tempo *m* **di cottura** Backzeit *f*, Bratzeit *f*, Kochzeit *f*
tenaglia *f*, **tenaglie** *fpl* Zange *f*
tenere *v* halten, tragen
tenero 1. zart *(Fleisch)*; 2. *s.* molle
tepore *m* Wärme *f*
termometro *m* Thermometer *n*
termometro *m* **da forno** Ofenthermometer *n*
terreno *m* Grund *m*
terrina *f* Terrine *f*
tessuto *m* **adiposo** Fettgewebe *n*
testa *f* Kopf *m*
testina *f* **di vitello** Kalbskopf *m*
the *m s.* tè
thermos *m* Isolierkanne *f*, Thermoskanne *f*, Warmhaltekanne *f*
tiepido lauwarm
timballo *m* gefüllte Teighülle *f*
timer *m* **da cucina** Küchenwecker *m*, Zeituhr *f*
timo *m* Thymian *m*
tinca *f* Schleie *f (Tinca tinca: Süßwasserfisch)*
tiramisù *m kalte Nachspeise aus im starken Kaffee getränkten Löffelbiskuits, Mascarpone, Eiern, mit Likör aromatisiert und reichlich mit Kakaopulver bestreut*
tirare *v* einrollen *(Blätterteig)*
tisana *f* Tee *m*
tisana *f* **al tiglio** Lindenblütentee *m*
tisana *f* **di verbena** Eisenkraut *n (Verbena officinalis)*; Eisenkrauttee *m*
tocco *m* Akzent *m*, Note *f*
togliere *v s.* levare
togliere *v* **dalla forma** aus der Form nehmen
togliere *v* **i noccioli** entkernen
togliere *v* **la pelle** Haut abziehen
togliere *v* **la schiuma** entschäumen
tonno *m* Thunfisch *m (Thunnus thynnus)*
torrefare *v* rösten, brennen *(Kaffee)*
torrefatto geröstet
torso *m* Rumpf *m*
torsolo *m* Strunk *m*
torta *f* Kuchen *m*, Torte *f*
torta *f* **alla panna** Sahnetorte *f*
torta *f* **di pasta sfoglia** Blätterteigkuchen *m*, Blätterteigstück *n*
torta *f* **di ricotta** Käsekuchen *m*
torta *f* **di riso** Reistorte *f*
torta *f* **pasqualina** Osterauflauf *m (s. Anhang)*
tortelloni *mpl Teigtaschen mit verschiedenen Füllungen (Käse, Ricotta und Spinat, Fleisch, Schinken)*
tortiera *f* flache Backform *f*
tortiera *f* **con fondo mobile** Springform *f*
tortiera *f* **dividifette** Tortenteiler *m*
tossico giftig

tostapane *m* Toaster *m*
tostare *v* toasten *(Brot)*; rösten (Kaffee)
totano *m* Pfeilkalmar *m*
tovaglia *f* Tischdecke *f*
tovaglietta *f* **decorativa** kleines Dekordeckchen *n*
tovagliolo *m* Serviette *f*
trachino *m s.* pesce ragno
trasformare *v* verwandeln; verarbeiten *(ein Produkt)*
trasparente durchsichtig
trasversale schräg
trattare *v* behandeln
trattato/non ungespritzt *(Obst, Zitrusfrüchte)*
trattoria *f* Gastwirtschaft *f*, Gaststätte *f*
travasare *v* abfüllen
travaso *m* Abfüllung *f*
treccia *f* Zopf *m*, Flechtgebäck *n*
treppiede *m* Dreifuß *m*
triglia *f* **di scoglio** Rotbarbe *f (Mullus surmuletus)*
trinciante *m* Tranchiermesser *n*
trinciapollo *m* Geflügelschere *f*
trinciare *v* tranchieren *(Fleisch)*; aufschneiden
trippa *f* Kaldaunen *fpl*
tritacarne *m* Fleischwolf *m*
tritapepe *m* Pfeffermühle *f*
tritare *v* hacken, zerkleinern, wolfen
tritare *v* **finemente** fein hacken
tritello *m* Grütze *f*
triturare *v* zermahlen
trombetta *f* **dei morti** *s.* corno dell'abbondanza
tronco *m* Rumpf *m*
trota *f* Forelle *f (Salmo trutta)*
trota *f* **iridea** Regenbogenforelle *f (Salmo irideus)*
truciolo *m* Span *m*
tuffare *v* **in acqua fredda** abschrecken
tuorlo *m* Eigelb *n*, Eidotter *m*
turacciolo *m* Korken *m*
turno/a abwechselnd

U

uccellino *m* **scappato** Roulade *f*, Fleischvogel *m*
uccello *m* Vogel *m*
umettare *v s.* inumidire
umidità *f* Feuchtigkeit *f*
umidità *f* **dell'aria** Luftfeuchtigkeit *f*
umido feucht
ungere *v* einfetten
uniforme glatt; gleichförmig
uovo *m* Ei *n*
uovo *m* **affogato** verlorenes Ei *n*
uovo *m* **al tegamino** Spiegelei *n*, Setzei *n*, Ochsenauge *n*
uovo *m* **alla coque** weiches Ei *n*
uovo *m* **all'occhio di bue** *s.* uovo al tegamino
uovo *m* **bazzotto** wachsweiches Ei *n*
uovo *m* **di pesce** Rogen *m*
uovo *m* **in camicia** verlorenes Ei *n*
uovo *m* **strapazzato** Rührei *n*
usare *v* verwenden
uso *m* Verwendung *f*
usuale gewöhnlich
utensile *m* Gerät *n*
utensile *m* **da cucina** Küchengerät *n*
utile *m* Gewinn *m*
utilizzare *v s.* usare
utilizzo *m s.* uso
uva *f* **spina** Stachelbeere *f*
uva *f* **sultanina** Sultanine *f*, Rosine *f*

V

vaglio *m* Sieb *n*
valore *m* **nutritivo** Nährwert *m*
valutare *v s.* calcolare
valutato geschätzt
valutazione *f* Einschätzung *f*
vantaggio *m* Gewinn *m*
vapore *m* Dampf *m*, Dunst *m*
variare *v* variieren
varietà *f* **di vite** Rebsorte *f*
vaschetta *f* **in acciaio inossidabile** Edelstahlkessel *m*
vasetto *m* **della marmellata** Konfitüretopf *m*
vaso *m* **da conserva** Einmachglas *n*
vassoio *m* Tablett *n*
vecchio 1. alt; 2. *s.* stantio
vegetale pflanzlich
vegetariano vegetarisch
vegetariano Vegetarier *m*
velenoso giftig
vellutato samtig
vendemmia *f* Weinlese *f*

ventilatore *m* Gebläse *n*
ventilazione *f* Lüftung *f*, Entlüftung *f*
ventre *m* Bauch *m*; Wamme *f (Schwein)*; Dünnung *f (Rind)*
ventricolo *m* Kaumagen *m*, Fleischmagen *m*
verbena *f s.* tisana di verbena
verdastro grünlich
verde grün
verdura *f* Gemüse *n*
verdura *f* **mista** Mischgemüse *n*
verificare *v* kontrollieren
vermicelli *mpl* Fadennudeln *fpl*
versare *v* 1. eingießen, gießen; 2. *s.* rovesciare 2.
versare *v* **in una forma** in eine Form geben
versare *v* **qc (su qc)** mit etw. übergießen
verza *f s.* cavolo verza
vescica *f* Blase *f (Organ)*
vetrina *f* **refrigerata** Kühlvitrine *f*
vetro *m* Glas *n*
vetro *m* **in lastre** Tafelglas *n*
vigna *f*, **vigneto** *m* Weinberg *m*
vinaccia *f* Trester *m*
vino *m* Wein *m*
vino *m* **bianco** Weißwein *m*
vino *m* **da tavola** Tischwein *m*
vino *m* **leggermente frizzante** Perlwein *m*
vino *m* **locale** Landwein *m*
vino *m* **rosso** Rotwein *m*
vino *m* **rosato, vino** *m* **rosé** Roséwein *m*
vino *m* **sfuso** offener Wein *m*
vinsanto *m süßer Weißwein (Toskana)*
vite *f* Weinstock *m*, Rebe *f*
vitello *m* Kalb *n*
viticoltore *m* Winzer *m*
vitigno *m* Rebsorte *f*
vivente, vivo lebend, lebendig
vol-au-vent *m* Pastete *f*
voltare *v* umdrehen, wenden
volume *m* Volumen *n*
volume *m* **d'affari** Umsatz *m*
vongola *f* Venusmuschel *f*
vuotare *v* ausleeren, leeren
vuoto leer

W

wafer *m* Wäffelchen *n*
würstel *m* Wurst *f*

Z

zafferano *m* Safran *m*
zampetto *m* **di maiale** Schinkeneisbein *n*, Schweinsfuß *m*
zampone *m gefüllter Schweinefuß, der wenigstens drei Stunden auf schwacher Hitze gekocht und zusammen mit Linsen, Kartoffelpüree o. a. heiß serviert wird (Emilia-Romagna)*
zenzero *m* Ingwer *m*
zincato verzinkt
zolletta *f* Würfel *m (Zucker)*
zona *f* **fumatori** Raucherbereich *m*
zona *f* **non fumatori** Nichtraucherbereich *m*
zucca *f* Kürbis *m*
zuccherare *v* zuckern
zucchero *m* Zucker *m*
zucchero *m* **candito** Kandiszucker *m*
zucchero *m* **cristallino** Kristallzucker *m*
zucchero *m* **di barbabietola** Rübenzucker *m*
zucchero *m* **di canna** Rohrzucker *m*
zucchero *m* **gelificante** Gelierzucker *m*
zucchero *m* **granellato** Hagelzucker *m*
zucchero *m* **in polvere** Puderzucker *m*, Staubzucker *m*
zucchero *m* **in zollette** Würfelzucker *m*
zucchero *m* **raffinato** Raffinade *f*
zucchero *m* **vanigliato** Vanillezucker *m*
zucchina *f*, **zucchino** *m* Zucchini *m*, Zucchino *m*
zuppa *f* Suppe *f*
zuppa *f* **di cipolle** Zwiebelsuppe *f*
zuppa *f* **di pesce** Fischsuppe *f*
zuppa *f* **inglese** *cremige Nachspeise (s. Anhang)*
zuppiera *f* Suppenschüssel *f*

Deutsch–Italienisch

A

Aal *m* anguilla *f*
abbinden *v* 1. *s.* legieren; 2. *s.* umwickeln/mit Bindfaden
abbräunen *v* rosolare, imbiondire, far soffriggere
abbrühen *v* sbollentare, immergere nell'acqua bollente
abdecken *v* sparecchiare *(la tavola)*
abdecken *v***/mit Klarsichtfolie** coprire con pellicola trasparente
Abendessen *n* cena *f*
Abfall *m*, **Abfälle** *mpl* residuo *m*, scarto *m*; immondizia *f*, rifiuti *mpl*
abflachen *v* appianare, spianare
abflämmen *v* togliere bruciando *(le penne)*; strinare, fiammeggiare
abfüllen *v* travasare; imbottigliare
Abfüllung *f* travaso *m*; imbottigliamento *m*
Abgabe *f* tassa *f*, imposta *f*, tributo *m*
abgepackt confezionato, impacchettato
abgepackt/nicht sfuso, non confezionato
abhängen (lassen) *v* 1. (far) maturare; 2. frollarsi; lasciar frollare *(la carne)*
abhäuten *v* scuoiare
abklären *v* chiarificare; decantare
abkühlen (lassen) *v* (lasciar) raffreddare
Ablaufgitter *n* griglia *f*, grata *f*
ablöschen *v* 1. spegnere; 2. *versare del liquido durante la cottura per non fare attaccare i cibi*
ablösen *v***/sich** staccare; staccarsi, distaccarsi
abnehmbar rimovibile, staccabile; smontabile
abreiben *v* grattugiare
absagen *v* annullare, disdire
abschmecken *v* 1. assaggiare, provare, degustare; 2. condire, insaporire
abschneiden *v* 1. tagliare; 2. mozzare, tagliar via, recidere
abschöpfen *v***/Fett** sgrassare
abschöpfen *v***/Rahm** scremare
abschöpfen *v***/Schaum** schiumare
abschrecken *v* tuffare in acqua fredda, raffreddare con l'acqua
abschwarten *v* scotennare
abseihen *v* filtrare
absetzen (lassen) v (lasciar) depositare
absplittern *v* rompere, ridurre in schegge
abtauen *v* sgelarsi, sciogliersi; far sgelare, far sciogliere
Abteilungskellner *m* cameriere *m* di reparto
abtrocknen *v***/etw.** asciugare qc
abtropfen (lassen) *v* gocciolare, sgocciolare; far sgocciolare
Abtropfgitter *n* scolapiatti *m*
Abtropfsieb *n* 1. colapasta; 2. fiscella *(industria casearia)*
abwechselnd alternativamente, a turno
abwechslungsreich molto vario, svariato
abziehen *v* 1. sbucciare, pelare; 2. sfilare, levare, togliere; 3. *s.* schärfen
abziehen *v***/Haut** *s.* abhäuten
Abzugshaube *f* cappa *f*
Ackersalat *m s.* Feldsalat
Ahorn *m* acero *m*
Ahornsirup *m* sciroppo *m* d'acero
Akazie *f* acacia *f*
Akazienhonig *m* miele *m* d'acacia
Akzent *m* accento *m*, nota *f*, tocco *m*
Alge *f* alga *f*
Alkohol *m* alcool *m*
Alse *f* alosa *f (Alosa alosa: pesce dei Clupeidi)*
alt vecchio
altbacken vecchio, stantio; raffermo *(pane)*
Alufolie *f* foglio *m* d'alluminio
anbraten *v* rosolare
anbraten *v***/scharf** arrostire; (far) saltare
anbräunen *v***/goldgelb** rosolare leggermente; (far) dorare
anbrennen *v* attaccarsi *(bruciando)*
Anchovis *m* acciuga *f*, alice *f*
Anchovisbutter *m* pasta *f* d'acciughe
anfeuchten *v* inumidire; umettare
anmachen *v* condire
anreichern *v* arricchire
Anrichtefläche *f* piano *m* di lavoro
anrichten *v* 1. guarnire; 2. condire; 3. mettere, disporre in tavola
Anrichtetisch *m* tavolo *m* di servizio
anrühren *v* mescolare; impastare
anschneiden *v* incidere; cominciare a tagliare
Anschnitt *m* primo pezzo *m*; prima fetta *f*
anschwitzen *v cuocere a fuoco lento per qualche minuto per far perdere l'acqua (verdura)*
Antihaftbelag *m* rivestimento *m* antiaderente
anzünden *v* accendere
Aperitif *m* aperitivo *m*
Apfel *m* mela *f*

Apfelkraut *n* sciroppo *m* di mele
Apfelschäler *m* pelatrice *f* per mele
Apfelsine *f* arancia *f*
Apfelstrudel *m* strudel *m* di mele
Apfelwein *m* sidro *m*
Apparat *m* apparecchio *m*, macchina *f*
Appetit *m* appetito *m*
Appetithäppchen *n* bocconcino *m*, boccone *m* appetitoso
appetitlich appetitoso
Aprikose *f* albicocca *f*
aprikotieren *v cospargere (una torta) con confettura di albicocche calda*
arbeiten *v* 1. lavorare, fare; 2. lievitare; 3. fermentare
Arbeiten *fpl*/**vorbereitende** preparativi *mpl*
Arbeitstisch *m* tavolo *m* da lavoro
Arme Ritter *mpl* pain *m* perdu *(pane raffermo inzuppato nel latte e nell'uovo e fritto)*
Aroma *n* aroma *m*
aromatisch aromatico
Artischocke *f* carciofo *m*
Artischockenboden *m* fondo *m* di carciofo
Äsche *f* temolo *m (Thymallus thymallus: pesce d'acqua dolce)*
Aschenbecher *m* posacenere *m*, portacenere *m*
Aspik *n* gelatina *f*; aspic *m*
Aubergine *f* melanzana *f*
aufarbeiten *v* lavorare; dare forma a qc, formare, modellare
aufbewahren *v* conservare, serbare, tenere
aufdressieren *v* decorare *(con la tasca per dolci)*
aufgehen *v* lievitare, crescere
Aufgehen *n* lievitazione *f*
aufgießen *v* versare sopra
aufhängen *v* appendere, attaccare
aufkochen *v* portare a ebollizione, far bollire; riscaldare
Aufkochen *n* ebollizione *f*
Auflagen *fpl*/**behördliche** capitolato *m* d'oneri
Auflauf *m* sformato *m*; soufflé *m*
Auflaufform *f* stampo *m* per sformati
auflösen *v*/**etw.** 1. sciogliere qc; 2. diluire qc; 3. stemperare qc
auflösen *v*/**sich** sciogliersi
aufnehmen *v* assorbire
Aufnehmer *m* straccio *m* da pavimenti
Aufpreis *m* sovrapprezzo *m*
aufquellen *v* gonfiarsi, crescere
aufsaugen *v s.* aufnehmen
aufschlagen *v s.* schaumig schlagen
aufschneiden *v* aprire tagliando, trinciare; affettare
Aufschnitt *m* affettato *m*; taglio *m*, incisione *f*
Aufschnittmaschine *f* affettatrice *f*
Aufschnittware *f* affettati *mpl*
aufschreiben *v* prendere nota, annotare
aufspießen *v* infilzare
auftauen *v* scongelare; scongelarsi
Aufwallen *n s.* Aufkochen
aufwärmen *v* riscaldare
aufwarten *v* offrire; servire
ausbeinen *v* disossare
Ausbeinmesser *n* coltello *m* per disossare
ausbreiten *v* 1. stendere; 2. esporre; 3. spalmare
Ausgabe *f* consegna *f (merce)*
ausgeglichen armonico, equilibrato
ausgeprägt spiccato, marcato, accentuato
Ausguss *m* 1. lavello *m*; 2. acqua *f* di scolo; 3. beccuccio *m*
aushöhlen *v* scavare; incavare
auskristallisieren *v* cristallizzarsi *(di zucchero)*
auslassen *v* (far) sciogliere, liquefare
ausleeren *v* (s)vuotare
auslegen *v*/**eine Form** disporre in una forma, disporre in uno stampo
auslösen *v s.* ausbeinen
ausnehmen *v* estrarre, svuotare, eviscerare *(pollame, pesci)*
ausrollen *v* spianare, stendere *(la pasta)*
ausschneiden *v* ritagliare; tagliare *(parti in eccesso)*
aussieben *v s.* durchsieben
ausspülen *v s.* spülen
Ausspülen *n s.* Spülen
ausstatten *v* dotare; equipaggiare
Ausstattung *f* dotazione *f*, equipaggiamento *m*
Ausstecher *m* stampino *m* per ritagliare la pasta
Ausstecherform *f s.* Ausstecher
Auster *f* ostrica *f*
Austernpilz *m* orecchione *m*, gelone *m (Pleurotus ostreatus: fungo commestibile generalmente coltivato)*

austrocknen *v* 1. asciugare; 2. asciugarsi, seccarsi
Auswahl *f* scelta *f*
auswählen *v* scegliere
Avocado *m* avocado *m*

B

Backapfel *m* mela *f* al forno
Backblech *m* lamiera *f* del forno
Backe *f* guancia *f*
backen *v* 1. cuocere al forno; 2. friggere
Backen *n* 1. cottura *f*; 2. frittura *f*
Backerbse *f piccole biglie di pasta fritta per decorare il consommé*
Backform *f*/**flache** tortiera *f*
Backhefe *f* lievito *m*
Backhendl *n pollastro impanato e fritto (specialità viennese)*
Backhitze *f* calore *m* del forno
Backofen *m* forno *m* • **in den Backofen schieben** infornare
Backpapier *n* carta *f* da forno
Backpflaume *f* prugna *f* secca
Backpinsel *m* pennello *m* per dolci
Backpulver *n* lievito *m* in polvere
Backröhre *f s.* Backofen
Backschinken *m* prosciutto *m* brasato
Backtemperatur *f* temperatura *f* del forno
Backzeit *f* tempo *m* di cottura
Baiser *m* meringa *f*
Bällchen *n* pallina *f*, piccola palla *f*
Bambus *m* bambù *m*
Barbe *f* barbo *m* comune, barbio *m (Barbus barbus: pesce d'acqua dolce dell'ordine dei Cipriniformi)*
bardieren *v* lardellare
Barriquewein *m vino conservato in una tipica botte da 200 l circa (barrique) di origine francese, costituita da doghe di quercia*
Barsch *m* 1. pesce *m* persico *(Perca fluviatilis: pesce d'acqua dolce dei Perciformi)*; 2. spigola *f*, branzino *m*
Basilikum *n* basilico *m*
Bauch *m* 1. ventre *m (in generale)*; 2. pancetta *f* di maiale
Bauchspeck *m* pancetta *f* di maiale affumicata, bacon *m*
Bauernbrot *n* pane *m* casereccio
Bauernomelett *n* frittata *f* alla contadina, frittata *f* alla paesana *(con pezzi di pancetta, cipolle e patate rosolate)*
beanstanden *v* criticare; reclamare
Beanstandung *f* critica *f*; reclamo *m*
bearbeiten *v*/**etw.** lavorare qc
Becher *m* calice *m*; coppa *f*
Bedarf *m* fabbisogno *m*, occorrente *m*
bedecken *v* coprire
bedeckt/mit Petersilie cosparso di prezzemolo tritato
bedienen *v* servire
Bedienung *f* servizio *m*; personale *m* di servizio
Bedienungsfeld *n* pannello *m* di comando
Bedienungsgeld *n* servizio *m* • **Bedienungsgeld inbegriffen** servizio compreso • **Bedienungsgeld nicht inbegriffen** servizio escluso
bedingt/jahreszeitlich di stagione
Beefsteak *n* bistecca *f*
beenden *v* finire, concludere
Beere *f* bacca *f*; acino *m (d'uva)*
Beete *f s.* Bete
befeuchten *v* inumidire, umettare
begießen *v* versare su, annaffiare
begleiten *v* accompagnare
begrüßen *v* salutare; accogliere con favore
Begrüßung *f* saluto *m*; accoglienza f
behalten *v* conservare
Behälter *m* recipiente *m*, contenitore *m*
behandeln *v* trattare; lavorare
Beilage *f* contorno *m* • **mit Beilage** con contorno
beimengen *v* mescolare, mischiare; aggiungere mescolando, frammischiare
Beinscheibe *f* 1. fetta *f* spessa del garretto di manzo o di vitello; 2. osso *m* buco, ossobuco *m (dal milanese os büs, osso bucato: piatto di origine milanese)*
Beize *f* marinata *f*
beizen *v* marinare; macerare
Belegfrüchte *fpl* frutti *mpl* canditi
beliebt amato; popolare, conosciuto
beliefern *v* fornire, approvvigionare
Belieferung *f* fornitura *f*, approvvigionamento *m*
benetzen *v* spruzzare
benötigen *v s.* brauchen
beraten *v*/**jmdn.** consigliare qn
berechnen *v* calcolare, valutare
Berechnung *f* calcolo *m*, conteggio *m*; preventivo *m*

bereitstellen *v* approntare
Berliner Pfannkuchen *m* bombolone *m*, krapfen *m*
Beschaffenheit *f s.* Konsistenz
beschichtet con rivestimento antiaderente
beschlagen *v* 1. appannarsi, coprirsi d'umidità; 2. ammuffire, coprirsi di muffa
beschmutzen *v* sporcare
Beschwerde *f* lamentela *f*, lagnanza *f*; reclamo *m*
Beschwerden *fpl* lamentele *fpl*, lagnanze *fpl*; reclami *mpl*
beschweren *v*/**sich** lamentarsi, lagnarsi
Besen *m* scopa *f*, ramazza *f*
Besenwirtschaft *f osteria nei locali di un viticoltore, autorizzata per un periodo limitato dell'anno a servire il vino prodotto e semplici piatti locali. Secondo un'antica tradizione, una scopa appesa fuori indica che la mescita è aperta.*
Besteck *n* posate *fpl*
Besteckkasten *m* portaposate *m*
bestellen *v* ordinare
bestellen *v*/**einen Tisch** riservare un tavolo
Bestellung *f* ordinazione *f*
bestreichen *v*/**mit Butter** imburrare
bestreichen *v*/**mit Eigelb** spennellare con tuorlo d'uovo
bestreichen *v*/**mit etw.** spalmare qc
bestreuen *v*/**mit etw.** cospargere di qc
bestreuen *v*/**mit Mehl** infarinare
Bete *f termine che nella Germania del nord indica in generale rapa, barbabietola*
Bete *f*/**rote** barbabietola *f* rossa *(Germania settentrionale)*
Beuscherl *n spezzatino di polmone e cuore tipico del sud della Germania*
Beutel *m* borsa *f*, sacchetto *m*; bustina *f (di tè)*
Bier *n* birra *f*
Biergarten *m giardino o terrazza ombreggiati attigui ad una locanda, dove si servono bevande (soprattutto birra) e pasti semplici*
Bierhefe *f* lievito *m* di birra, lievito *m* da birra
Bierschinken *m tipo di salsiccia con grossi pezzi di prosciutto cotto incorporati*
Bierstängel *m bastoncino di pane salato e croccante adatto ad accompagnare la birra*
billig a buon mercato, conveniente
Bindemittel *n* legante *m*, agglutinante *m*
binden *v* legare; addensare
Bindfaden *m* spago *m* • **mit Bindfaden umwickeln** avvolgere con lo spago
Birne *f* pera *f*
Birnengeist *m* acquavite *f* di pere
Bissen *m* boccone *m*
bitter amaro
Bittermandel *f* mandorla *f* amara
blanchieren *v s.* abbrühen
Blase *f* 1. bolla *f*; 2. vescica *f (urinaria)*
Blatt *n* 1. foglio *m*; 2. paletta *f (di selvaggina)*
Blattaspik *n* aspic *m* in fogli
Blätterteig *m* pasta *f* sfoglia
Blätterteigkuchen *m* torta *f* di pasta sfoglia
Blätterteigpastete *f*/**große** vol-au-vent *m* di pasta sfoglia
Blätterteigstück *n s.* Blätterteigkuchen
Blattspinat *m* spinaci *mpl* in foglia
Blaubeere *f* mirtillo *m* nero
Blaue Zipfel *mpl piccole salsicce marinate nell'aceto, sbollentate e servite in acqua calda con anelli di cipolla e pepe in grani (specialità della Franconia)*
Blechkuchen *m crostata cotta e servita sulla lamiera del forno*
Blume *f* 1. fiore *m*; 2. bouquet *m (enologia)*
Blumenkohl *m* cavolfiore *m*
Blumenschmuck *m* decorazione *f* floreale
Blut *n* sangue *m*
Blüte *f* 1. fiore *m*; 2. fioritura *f*; 3. *spezie macinate molto fini*
Blutorange *f* sanguinella *f*
Blutwurst *f* sanguinaccio *m*
Bockwurst *f salsiccia di carne magra di bue e di maiale bollita*
Boden *m* fondo *m* (di torta)
Bodenlappen *m s.* Aufnehmer
Bohne *f* fagiolo *m*; chicco *m* di caffè
Bohne *f*/**dicke** fava *f*
Bohnenkern *m* 1. fagiolo *m* nano; 2. fagiolo *m* bianco secco
Bohnenkraut *n* santoreggia *f*
Borretsch *m* borrana *f*, borragine *f (Borrago officinalis: pianta erbacea annuale delle Borraginacee)*
Bouillon *f* brodo *m*
Boulette *f* polpetta *f*
Brandmasse *f*, **Brandteig** *m* impasto *m* per bignè

Brasse *f* scardola *f (Scardinius erythrophtalmus: pesce d'acqua dolce della famiglia dei Ciprinidi)*
Brät *n s.* Füllung
Bratapfel *m* mela *f* al forno
braten *v* 1. arrostire; 2. cuocere; 3. friggere
braten *v***/in der Pfanne** friggere in padella
Braten *m* arrosto *m*
Braten *n* cottura *f*
Bratenröster *m s.* Bräter
Bratenschmalz *n composto di strutto, cipolle, mele e spezie servito con tartine di pane*
Bräter *m* girarrosto *m*
bratfertig pronto *(per essere cotto)*
Brathähnchen *n* pollo *m* arrosto
Brathering *m* aringa *f* fritta
Brathühnchen *n s.* Brathähnchen
Bratkartoffel *f* patata *f* arrosto *(a fette)*
Bratpfanne *f* padella *f*
Bratspieß *m* spiedo *m*
Bratwurst *f tutti i tipi di würstel da grigliare*
Bratwurst *f***/grobe** *würstel da grigliare macinato grossolanamente*
Bratwurst *f***/saure** *s.* Blaue Zipfel
Bratzeit *f* tempo *m* di cottura
brauchen *v* aver bisogno (di), necessitare (di)
bräunen *v* 1. scurire, colorare di marrone; 2. (far) rosolare, imbiondire; 3. caramellare *(zucchero)*
Bräunung *f s.* Färbung
Bräunungsregler *m* regolatore *m* della colorazione
brechen *v* rompere, spezzare; rompersi, spezzarsi
Brei *m* 1. pappa *f*, poltiglia *f*; 2. purea *f*, purè *m*
brennen *v* 1. bruciare; 2. distillare; 3. *s.* rösten
Brenner *m* 1. distillatore *m*; 2. bruciatore *m*
Brennnessel *f* ortica *f*
Brett *n* asse *f*, tavola *f*; mensola *f*, ripiano *m*
Brettchen *n* assicella *f*; tavoletta *f*
Brezel *f* bretzel *m (ciambella salata o a volte dolce)*
bridieren *v* legare, cucire insieme *(pollame)*
Bridiernadel *f* ago *m* per cucire insieme *(pollame)*
Bries *n* animella *f*
Brombeere *f* mora *f*
Brombeerlikör *m* liquore *m* alle more
Brot *n* 1. pane *m*; 2. pagnotta *f*; 3. panino *m*
Brötchen *n s.* Brot 3.
Brotwürfel *mpl***/geröstete** crostini *mpl*
Brotzeit *f* spuntino *m*, merenda *f*
Brühe *f* 1. brodo *m*; 2. intingolo *m*
Brühe *f***/körnige** brodo *m* granulare
Brühwürstchen *n piccola salsiccia precotta*
Brunnenkresse *f* nasturzio *m*
Brust *f* petto *m*
Brustfilet *n s.* Entenbrust
Buchhaltung *f* contabilità *f*
Buchweizen *m* grano *m* saraceno
Bücking *m*, **Bückling** *m* aringa *f* affumicata
Bug *m s.* Schulter
Bugfilet *n* fesone *m* di spalla *(falso filetto)*
Bukett *n* bouquet *m (enologia)*
Bund *m* mazzo *m*; fascina *f*
Bündnerfleisch *n carne secca simile alla bresaola, tagliata a fettine sottili (specialità svizzera del cantone dei Grigioni)*
Burgundertraube *f* pinot *m (vitigno della Borgogna)*
Bürste *f* spazzola *f*
bürsten *v* spazzolare
Bürzel *m* codrione *m (l'insieme delle ultime vertebre degli uccelli)*
Butter *f* burro *m* • **mit Butter bestreichen** imburrare
Butter *f***/geklärte** burro *m* chiarificato
Butter *f***/zerlassene** burro *m* fuso
Butterdose *f* burriera *f*, portaburro *m*
Butterfett *n s.* Butterschmalz
Buttergebäck *n* biscotti *mpl*, paste *fpl* al burro
Butterkeks *m* biscotto *m* al burro
Buttermilch *f* latticello *m*
Buttermischung *f* impasto *m* di burro
buttern *v* 1. *s.* mit Butter bestreichen; 2. fare il burro
Butterschmalz *n* burro *m* concentrato
Buttersoße *f***/weiße** salsa *f* bianca *(fatta col burro)*
Buttkessel *m* pesciaiola *f (a forma di losanga per la preparazione del rombo)*

C

Carcasse *f* carcassa *f*
Cayennepfeffer *m* pepe *m* di Caienna
Champagner *m* champagne *m (vino francese bianco e spumante, DOC)*

Champignon *m* champignon *m*, fungo *m* coltivato
Chateaubriand *n* chateaubriand *f (grossa fetta di filetto di manzo di prima scelta, cotta ai ferri)*
Chaudfroid *m* 1. *salsa più o meno gelatinizzata*; 2. *piatto freddo di pollo e cacciagione servito in gelatina*
Chicorée *m* cicoria *f* belga
Chinakohl *m* cavolo *m* cinese, cavolo *m* petsai
Chinois *n* chinois *m (passino conico a fori sottili)*
Christstollen *m dolce natalizio*
Cocktailtomate *f* pomodorino *m* ciliegia
Creme *f* crema *f*
Cremesuppe *f* crema *f*, passato *m*
cremig cremoso

D

Damhirsch *m*, **Damwild** *n* daino *m*
Dampf *m* vapore *m*; esalazione *f*
dämpfen *v* cuocere a vapore
Dampfkartoffeln *fpl* patate *fpl* cotte a vapore
Dampfkochtopf *m s.* Schnellkochtopf
Dampfnudel *f gnocchetti di pasta lievitata cotti a vapore e serviti con mousse o confettura di frutta o caramellati, oppure, durante la quaresima, preparati in certe regioni come cibo salato*
Darm *m* intestino *m*
Dattel *f* dattero *m*
dazugeben *v* aggiungere, dare in aggiunta
Deckel *m* coperchio *m*
decken *v* apparecchiare
decken *v*/**den Tisch** apparecchiare la tavola
dehnbar estendibile; allungabile
dekantieren *v* decantare; filtrare
Dekordeckchen *n*/**kleines** tovaglietta *f* decorativa
Delikatess... *di specialità gastronomiche e prodotti di prima qualità*
desinfizieren *v* disinfettare
Dessert *n* dessert *m*, dolce *m*
Dessertwagen *m* carrello *m* dei dessert
destillieren *v* distillare
Destillierung *f* distillazione *f*
Deutsches Beefsteak *n* polpetta *f* di carne *(varie ricette in Germania)*
Diät *f* dieta *f*
diät..., Diät... dietetico
dick 1. spesso; 2. grasso
Dicke *f* spessore *m*
Dickmilch *f* latte *m* acido, latte *m* rappreso
Digestif *m* digestivo *m*
Dill *m* aneto *m*
Dinkel(weizen) *m* spelta *f*, farro *m*
Doppelflasche *f* bottiglia *f* da un litro e 1/2
Dorade *f* orata *f (Sparus aurata)*
Dornhai *m s.* Seeaal 2.
Dörrfleisch *n s.* Bündnerfleisch
Dörrpflaume *f s.* Backpflaume
Dorsch *m* merluzzo *m (giovane)*
Dose *f* 1. scatola *f*, scatoletta *f*; 2. barattolo *m*; 3. lattina *f*
Dosenöffner *m* apriscatole *m*
dosieren *v* dosare
Dosierung *f* dosaggio *m*
Drahtsieb *n* colino *m* di rete metallica
drehen *v* girare; rivoltare
Drehspieß *m* spiedo *m*
Dreifuß *m* treppiede *m*; sgabello *m* a tre gambe
Dresdner Stollen *m s.* Christstollen
Dressing *n* 1. marinata *f*; 2. condimento *m (per insalata)*; 3. ripieno *m*
Drossel *f* tordo *m*
Druck *m* pressione *f*; peso *m*, pesantezza *f*
drücken *v* 1. premere; 2. spremere; 3. imprimere
Druckkochkessel *m* 1. autoclave *f*; 2. pentola f a pressione
Duft *m* profumo *m*; fragranza *f*
dunkel scuro, cupo
dünn sottile, fine; leggero
Dünnung *f* 1. fianco *m (selvaggina ungulata)*; 2. ventre *m (bovini)*
Dunst *m s.* Dampf
dünsten *v* stufare
durchkneten *v* modellare
Durchreiche *f* passavivande *m*
durchreichen *v* porgere, passare attraverso *(un'apertura)*
durchrühren *v* rimescolare bene; (far) passare
Durchschlag *m* passaverdura *m*
durchschneiden *v* tagliare *(da parte e parte)*
durchseihen *v* filtrare; colare

durchsichtig trasparente
durchsieben *v* setacciare, passare al setaccio; colare
durchtrennbar separabile in due parti
durchwachsen frammisto a qc
Dutzend *n* dozzina *f*

E

Edelstahl *m* inox *m*, acciaio *m* inossidabile
Edelstahlkessel *m* bacinella *f*, vaschetta *f* in acciaio inossidabile
edelsüß cremoso, morbido; pastoso (*di vino)*
Eglifisch *m s.* Barsch
Ei *n* uovo *m*
Ei *n***/verlorenes** uovo *m* in camicia, uovo *m* affogato
Ei *n***/wachsweiches** uovo *m* bazzotto
Ei *n***/weiches** uovo *m* alla coque
Eibisch *m* altea *f (Althaea officinalis: pianta erbacea perenne delle Malvacee)*
Eidotter *m s.* Eigelb
Eierbecher *m* portauovo *m*
Eierkuchen *m* frittata *f*
Eiersalat *m* insalata *f* d'uova
Eierschneider *m* tagliauova *m*
Eierschwamm *m s.* Pfifferling
Eierstich *m uovo intero sbattuto, fatto coagulare a bagnomaria e tagliato a dadini per decorare il consommé*
Eigelb *n* rosso *m* dell'uovo, tuorlo *m* • **mit Eigelb bestreichen** spennellare con il tuorlo
Eigengeschmack *m* gusto *m* proprio
Eigenschaft *f* caratteristica *f*; qualità *f*, proprietà *f*
Eiklar *n s.* Eiweiß
Eimer *m* bidone *m*
Einbrenne *f* soffritto *m* con farina
eindicken *v* ispessire, addensare; (far) ridurre
einfach semplice, facile
einfallsreich pieno d'idee, ingegnoso
einfetten *v* imburrare, ungere
einfrieren *v* congelare
eingedickt ispessito, addensato
eingemacht 1. messo in conserva, conservato *(nel grasso di cottura, sott'olio, sott'aceto)*; 2. candito
eingießen *v* versare
einheimisch locale, nostrano, del paese
einhüllen *v***/in Klarsichtfolie** avvolgere nella pellicola trasparente
Einkauf *m* acquisto *m*, compera *f*
einkaufen *v* acquistare, comperare
einkochen *v s.* eindicken
Einlage *f ciò che viene aggiunto come guarnizione al brodo, come i crostini, o ciò che viene cotto nel brodo, come la pastina*
einlegen *v* 1. mettere sott'olio, conservare sott'olio; 2. mettere sott'aceto, conservare sott'aceto; 3. *s.* marinieren; 4. (far) macerare *(nell'alcool)*
einmachen *v* fare delle conserve, mettere in conserva; cuocere per conservare
Einmachglas *n* vaso *m* da conserva
einölen *v* oliare
einreiben *v* far penetrare frizionando
einritzen *v s.* einschneiden
einrollen *v* arrotolare; tirare *(la pasta sfoglia)*
einrühren *v s.* beimengen
einsalzen *v s.* pökeln
Einsalzen *n s.* Pökeln
einschätzen *v* valutare, calcolare
Einschätzung *f* valutazione *f*
einschlagen *v s.* einwickeln
einschneiden *v* intagliare, incidere
Einschnitt *m* taglio *m*, incisione *f*
eintauchen *v***/in etw.** immergere in qc
Eintopf *m piatto unico consistente in una minestra densa a base di legumi o patate con carne o salsicce*
einweichen *v* mettere a bagno, far spurgare; ammollare *(il pane nel vino)*
einwickeln *v* avvolgere
Eis *n* 1. gelato *m*; 2. ghiaccio *m*
Eisbecher *m* coppa *f* da gelato; coppa *f* di gelato
Eisbein *n* stinco m di maiale *(in salamoia)*
Eisbergsalat *m* lattuga *f* brasiliana
Eischnee *m* albumi *mpl* montati a neve
Eisenkraut *n***, Eisenkrauttee** *m* verbena *f (Verbena officinalis: erba perenne delle Verbenacee)*; tisana *f* di verbena
Eiskaffee *m* affogato *m* al caffè
eiskalt gelato, gelido
Eismaschine *f* gelatiera *f*
Eissalat *m* lattuga *f* batavia
Eiswasser *n* acqua *f* ghiacciata
Eiswürfel *m* cubetto *m* di ghiaccio
Eiweiß *n* 1. albume *m*, chiara *f*, bianco *m* d'uovo; 2. proteina *f*

Email *n* smalto *m*
emailliert smaltato
Empfang *m* accoglienza *f*; ricevimento *m*
empfangen *v* accogliere; ricevere
empfehlen *v* raccomandare; consigliare
Empfehlung *f* raccomandazione *f*; consiglio *m*
emulgieren *v* emulsionare
Emulsion *f* emulsione *f*
Endivie *f* endivia *f*, indivia *f (Cichorium endivia: pianta erbacea delle Composite)*; scarola *f*
Endstück *n* ultimo pezzo *m*
Engelwurz *f* angelica *f (Angelica archangelica: pianta erbacea perenne delle Ombrellifere)*
entbeinen *v s.* ausbeinen
Entchen *n s.* Jungente
Ente *f* anatra *f*
enteisen *v* disgelare, sbrinare
Entenbrust *f* petto *m* d'anatra, filetto *m* d'anatra
entfernen *v* togliere, levare, rimuovere
entfetten *v* 1. sgrassare; 2. scremare *(latte)*
enthäuten *v s.* abhäuten
enthülsen *v* sgusciare
entkalken *v* decalcificare
entkernen *v* togliere i noccioli, snocciolare
entkorken *v* stappare, sturare
entlüften *v s.* lüften
Entlüftung *f s.* Lüftung
entrahmen *v s.* entfetten 2.
entsaften *v* estrarre il succo (di qc)
entsalzen *v* dissalare
entschalen *v* sbucciare, sgusciare *(mandorle ecc.)*
entschäumen *v* schiumare, togliere la schiuma
entschuppen *v* squamare
Entschuppungsgerät *n* squamatrice *f* manuale
entschwarten *v s.* abschwarten
entsteinen *v* snocciolare
entstielen *v* depicciolare *(un frutto)*
entziehen *v* ritirare, sottrarre
Enzian *m* 1. genziana *f (Gentiana: pianta erbacea delle Genzianacee o la radice di tale pianta, usata per preparare digestivi, amari ed aperitivi)*; 2. *s.* Enziangeist
Enziangeist *m* liquore *m* di genziana
Erbse *f* pisello *m*
Erdbeere *f* fragola *f*
Erdnuss *f* arachide *f*, nocciolina *f* americana
Erdnussbutter *f* burro *m* di arachidi
erhitzen *v* scaldare; riscaldare
erhitzt/im Wasserbad scaldato a bagnomaria
erkalten (lassen) *v s.* abkühlen (lassen)
Ernährung *f* nutrimento *m*; alimentazione *f*
Ernährungs... *s.* Nahrungs...
Erpel *m* anatra *f* maschio
Ersatz *m* sostituzione *f*; surrogato *m*, succedaneo *m*
ersetzen *v* sostituire, rimpiazzare
Erzeugnis *n* prodotto *m*
essen *v* mangiare
essen *v*/**zu Abend** cenare
essen *v*/**zu Mittag** pranzare
Essen *n s.* Mahlzeit
Essenz *f* essenza *f*, estratto *m*
Essig *m* aceto *m*
Essigessenz *f* essenza d'aceto *f*
Esskastanie *f* castagna *f*; marrone *m (varietà pregiata)*
Esslöffel *m* cucchiaio *m*
Estragon *m* dragoncello *m*
Euter *n* mammella *f (di mucca, di capra, ecc.)*
Extrakt *m* estratto *m*

F

Faden *m* filo *m*
Fadennudeln *fpl* vermicelli *mpl*, capelli *mpl* d'angelo
Farbe *f* colore *m*
färben *v* colorare
Farbstoff *m* colorante *m*
Färbung *f* colorazione *f*; sfumatura *f*
Farce *f s.* Füllung
farcieren *v s.* füllen
Fasan *m* fagiano *m*
Faser *f* fibra *m*
faserig fibroso
Fäustling *m* guanto *m* a manopola *f*, manopola *f*
Feder *f* piuma *f*
Federwild *n* selvaggina *f* piumata
fegen *v s.* kehren
Feige *f* fico *m*
fein fine • **fein schneiden** tagliare fine

Feinkostsalat *m* insalata *f* mista
Feinschmecker *m* buongustaio *m*; intenditore *m*
Feinschneider *m* affettatrice *f*
Felchen *m* coregone *m*, lavarello *m*
Feldhase *m* lepre *f* comune
Feldsalat *m* cicorino *m*
Fenchel *m* finocchio *m*
Ferkel *n* porcellino *m*, maialino *m*, lattonzo(lo) *m*
fertig pronto
fest sodo, compatto • **fest kochend** *detto di patate cotte in modo da conservare una certa consistenza*
Festigkeit *f* compattezza *f*, durezza *f*
fett grasso
Fett *n* grasso *m*
Fettabscheider *m* separatore *m* di grassi
fettarm povero di grassi, magro
Fettgehalt *m* contenuto *m* di grassi
Fettgewebe *n* tessuto *m* adiposo
fetthaltig grasso, contenente grassi
feucht umido
Feuchtigkeit *f* umidità *f*
Feuer *n* fuoco *m*, fiamme *fpl*
feuerfest resistente al fuoco, resistente al calore del forno
Filet *n* filetto *m*
Filet *n***/falsches** *s.* Bugfilet
filetieren *v*, **filieren** *v* sfilettare *(il pesce)*
Filiermesser *n* coltello *m* sfilettatore
Filter *m* filtro *m*
Filterpapier *n* carta *f* da filtro
filtrieren *v* filtrare
Fingerschale *f* sciacquadita *m*, lavadita *m*
Fisch *m* pesce *m*
fischen *v* pescare
Fischer *m* pescatore *m*
Fischfang *m* pesca *f*
Fischhändler *m* pescivendolo *m*
Fischheber *m* paletta *f* per il pesce, spatola *f* per il pesce
Fischkessel *m* pesciaiola *f*, pesciera *f*
Fischkoch *m cuoco specializzato nella preparazione del pesce*
Fischräucherei *f* affumicatoio *m* di pesce
Fischschuppe *f* squama *f*, scaglia *f*
Fischstäbchen *n* bastoncino *m* di pesce
Fischsud *m* court-bouillon *m (per pesci e frutti di mare)*
Fischsuppe *f* zuppa *f* di pesce
flach piatto • **flach schlagen** spianare
Flachkasserolle *f s.* Sauteuse
Fladen *m* focaccia *f*, schiacciata *f*
Fladenbrot *n pane orientale rotondo e piatto*
Flädle *npl fini striscioline di frittata per guarnire il consommé (Flädlesuppe: specialità della Svevia)*
Flambierbrenner *m s.* Flammgerät
flambieren *v* flambare, fiammeggiare
Flamme *f* fiamma *f* • **auf großer Flamme** a fuoco vivace • **auf kleiner Flamme** a fuoco lento
Flammgerät *n*, **Flämmpistole** *f* cannello *m*
Flanke *f* fianco *m (selvaggina)*
Flasche *f* bottiglia *f*
Flaschenöffner *m* apribottiglie *m*
flechten *v* intrecciare
Flechtgebäck *n s.* Zopf
Fleisch *n* carne *f*
Fleischabfälle *mpl* avanzi *mpl* della carne, scarti *mpl* della carne
Fleischbrühe *f* brodo *m* di carne
Fleischkäse *m s.* Leberkäse
Fleischklopfer *m* batticarne *m*
Fleischklößchen *n* polpetta *f* di carne
Fleischmagen *m s.* Kaumagen
Fleischpflanzl *m s.* Fleischklößchen
Fleischspießchen *n* spiedino *m* di carne
Fleischvogel *m s.* Roulade
Fleischwolf *m* tritacarne *m*
Fleischwurst *f salsiccia di carne*
fließen *v* scorrere, fluire, colare
Flocke *f* fiocco *m*
Flomen *m s.* Schmer
Flosse *f* pinna *f*
Flügel *m* ala *f*
Flügelspitze *f* punta *f* dell'ala
Flugente *f s.* Wildente
Flunder *f* passera *f* di mare *(Platichthys flesus)*
flüssig liquido
Flüssigkeit *f* liquido *m*
Folie *f s.* Klarsichtfolie
Fond *m* sugo *m* della carne
Fondantmasse *f* fondant *m*, fondente *m*
Forelle *f* trota *f*
Form *f* forma *f*, stampo *m* • **aus der Form nehmen** estrarre dalla forma, estrarre dallo stampo • **eine Form auslegen** foderare una forma, foderare uno stampo • **in eine Form geben** versare in una forma

formen *v* modellare, plasmare
Frankfurter Würstchen *n* salsiccia *f* di Francoforte
freilegen *v s.* lösen/(sich)
Frikadelle *f s.* Fleischklößchen
Frikandeau *m* 1. controgirello *m* (*di vitello*); 2. fricandeau *m* lardellato, arrosto *m* lardellato (*di vitello*)
Frikassee *n* fricassea *f*
Frikassee *n* **mit weißer Soße** *fricassea di carni bianche (vitello, pollame, coniglio ecc., anche pesci, con salsa bianca)*
frisch fresco
Frische *f* freschezza *f*
Frischkäse *m* formaggio *m* fresco
Frischling *m* cinghialetto *m*
Fritten *fpl s.* Pommes frites
Fritteuse *f* friggitrice *f*
frittieren *v* friggere
Frittüre *f* frittura *f*
Frittürekelle *f* schiumarola *f* per fritti, schiumaiola *f* per fritti
Frittürekorb *m* cestino *m* per friggitrice
Frittüretopf *m s.* Fritteuse
Froschschenkel *m* coscia *f* di rana
Frucht *f* frutto *m*
Früchte *fpl*/**glasierte** frutti *mpl* glassati
Früchtebrot *n specie di panforte (specialità della Germania meridionale, tipica del periodo natalizio)*
Früchtegelee *n* gel *m* di frutta
Fruchteis *n* gelato *m* alla frutta
Früchtemus *n*/**gezuckertes** purea *f* di frutta, composta *f* di frutta zuccherata
Fruchtfleisch *n* polpa *f*
fruchtig che sa di frutta, fruttato *(vino)*
Fruchtpresse *f* spremifrutta *m*
Fruchtsaft *m* succo *m* di frutta
Fruchtsafteis *n* sorbetto *m*
Frühgemüse *n* primizie *fpl*
Frühlingszwiebel *f* cipolla *f* bianca *(cipolla primaverile)*
Frühstück *n* colazione *f*, prima colazione *f*
Füllcreme *f* crema *f* pasticcera
füllen *v* 1. riempire *(in generale)*; 2. mettere il ripieno, farcire
Füllmenge *f s.* Inhalt
Füllung *f* ripieno *m*, farcia *(composto per farcire)*
Fürst-Pückler-Eis *n semifreddo a base di gelato di tre colori diversi (bianco, rosso e marrone)*

G

Gabel *f* forchetta *f*
Galantine *f* galantina *f*
Galle *f* fiele *m*
Gallerte *f s.* Aspik
Gämse *f* camoscio *m*
Gang *m* portata *m*, piatto *m*
Gans *f* oca *f*
Gänseleberpastete *f* pâtè *m* di fegato d'oca
ganz intero
Ganzen/im per intero, interamente
gar a puntino, al punto giusto *(cotto)*
Garderobe *f* guardaroba *f*
garen *v s.* braten
Garen *n s.* Braten
gären *v* 1. fermentare *(mosto)*; 2. lievitare *(pasta)*
Garnele *f s.* Krabbe
garnieren *v s.* verzieren
Garnierung *f*, **Garnitur** *f s.* Verzierung
Gartenkresse *f* crescione *m* inglese
Gärung *f* fermentazione *f (in generale)*
garziehen *v s.* pochieren
Gasflamme *f* fiamma *f* di gas
Gasherd *m* cucina *f* a gas
Gebäck *n s.* Konditoreiware
geben *v*/**in eine Form** versare in una forma
Gebläse *n* ventilatore *m*; mantici *mpl*
Geflügel *n s.* Geflügelfleisch • **Geflügel zunähen** *s.* bridieren
Geflügelfleisch *n* pollame *m*
Geflügelschere *f* trinciapollo *m*
gefriergetrocknet liofilizzato
Gefrierpunkt *m* punto *m* di congelamento
Gefrierschrank *m*, **Gefriertruhe** *f* congelatore *m*
Gehacktes *n s.* Hackfleisch
Gehalt *m* 1. contenuto *m*, percentuale *f*; 2. valore *m* nutritivo, sostanza *f*
gekörnt in granuli, granulare
Gekröse *n* frattaglie *fpl*
gekrümmt ad anello *(salsiccia)*
gelb giallo
Gelbwurst *f insaccato simile alla cervellata in un involucro giallo*
Geld *n* soldi *mpl*, denaro *m*
Gelee *n s.* Aspik
Geleeabsatz *m separazione della gelatina*
Geleefrucht *f* gelatina *f* di frutta

gelieren *v* gelificare, gelificarsi, gelatinizzare, diventare gelatinoso
Geliermittel *n* gelificante *m*
Gelierzucker *m* zucchero *m* gelificante
gemischt misto
Gemüse *n* verdura *f*
Gemüsealge *f* salicornia *f (pianta erbacea commestibile della famiglia delle Chenopodiacee presente su litorali e terreni salini)*
Gemüsebett *n* letto *m* di verdura
Gemüsebrühe *f* brodo *m* di verdura, brodo *m* vegetale
Gemüsehobel *m s.* Mandoline
Gemüsekürbis *m* zucca *f*
Gemüsemesser *n* coltello *m* da verdura
Gemüsezwiebel *f* cipolla *f* dolce *(varie specie)*
genau preciso; precisamente
Genauigkeit *f* precisione *f*
gerade diritto, dritto
Gerät *n* attrezzo *m*, utensile *m*
geräuchert affumicato
Gericht *n* piatto *m*, pietanza *f*
gerinnen *v* coagulare, coagularsi
Gerinnung *f* coagulazione *f*
geröstet torrefatto
Gerste *f* orzo *m*
Geruch *m* odore *m*, profumo *m*
Geschäftsessen *n* pranzo *m* d'affari; cena *f* d'affari
geschätzt 1. apprezzato, stimato; 2. valutato
Geschirr *n* stoviglie *fpl*, piatti *mpl* • **Geschirr spülen** lavare i piatti
Geschirrspülen *n* lavaggio *m* delle stoviglie
Geschirrspülmaschine *f* lavastoviglie *f*
Geschirrspülraum *m* retrocucina *f*
Geschirrtransportwagen *m* carrello *m* portastoviglie
Geschirrtuch *n* strofinaccio *m*
Geschlinge *f* corata *f*, coratella *f (spezzatino di parti di organi interni del torace di animali macellati)*
Geschmack *m* sapore *m*, gusto *m*
Geschmacksverstärker *m* esaltatore *m* del sapore
geschmeidig elastico, flessibile
Geschnetzeltes *n carne tagliata a striscioline*
geschützt protetto
gesund sano
Gesundheit *f* salute *f*
gesüßt/mit Honig dolcificato con miele
Getränk *n* bibita *f*
Getreide *n* cereali *mpl*
Getreideart *f* tipo *m* di cereale
Gewicht *n* peso *m* • **nach Gewicht** a peso
Gewinn *m* 1. guadagno *m*, utile *m*, profitto *m*; 2. vantaggio *m*
Gewinnspanne *f* margine *m* di guadagno
gewöhnlich 1. solito, usuale; 2. ordinario, comune
Gewürz *n* condimento *m*, spezie *fpl*
Gewürzgurke *f* cetriolo *m* sott'aceto
Gewürznelke *f* chiodo *m* di garofano
Gewürzpflanze *f* pianta *f* aromatica
Gewürzsträußchen *n* mazzetto *m* di odori
gewürzt/mit Knoblauch insaporito con aglio
gießen *v* versare
Gießrand *m* bordo *m*
giftig velenoso, tossico,
Glanz *m* splendore *m*; lucentezza *f*
glänzend splendido; lucente
Glas *n* vetro *m*
Gläserspülmaschine *f* lavabicchieri *f*
Gläser(trocken)tuch *n* strofinaccio *m* per bicchieri
glasieren *v* glassare
Glasieren *n* glassatura *f*
Glasur *f* glassa *f*
glatt 1. liscio; 2. omogeneo, uniforme
Glattbutt *m* rombo *m* liscio *(Scophthalmus rhombus: pesce d'acqua salata)*
gleichförmig regolare, uniforme
Glocke *f* campana *f* coprivivande
Glühplatte *f* fornello *m*
Goldbarsch *m s.* Rotbarsch
Goldbrasse *f s.* Dorade
Goldbutt *m s.* Scholle
goldgelb giallo oro
Grad *m* grado *m*
Granatapfel *m* melagrana *f*
Grapefruit *f s.* Pampelmuse
Gräte *f* lisca *f*, spina *f* di pesce
gratinieren *v* gratinare
Graubrot *n* pane *m* bigio *(di vari cereali)*
Graupe *f* grano *m* d'orzo mondato
Greyerzer *m* gruviera *m*
Griebe *f* cicciolo *m*
Griebenschmalz *n strutto con lardelli*
Griebenwurst *f salsiccia con pezzi di grasso cotto, da consumarsi fredda*
Gries *m* semolino *m*

Griesklößchen *n gnocchetto di semolino per guarnire il consommé*
Grill *m* griglia *f*; barbecue *m*
grillen *v* grigliare, cuocere alla griglia, cuocere ai ferri
Grillgericht *n* piatto *m* di carne alla griglia, piatto *m* di carne ai ferri, grigliata *f*
Grillplatte *f* griglia *f*, graticola *f*
grob grossolano, grezzo
Größe *f* misura *f* • **nach Größe** a seconda della grandezza
Großmarkt *m* mercato *m* all'ingrosso
grün 1. verde; 2. acerbo *(frutta)*
Grund *m* terreno *m*, suolo *m*
Grundlage *f* base *f* • **auf der Grundlage von** sulla base di, in base a
gründlich a fondo, per bene
Gründling *m* gobione *m (Gobio gobio: piccolo pesce d'acqua dolce dei Cipriniformi)*
Grünkern *m chicchi di farro acerbi macinati*
Grünkernsuppe *f zuppa a base di farina di chicchi di farro acerbi, servita spesso con salsicce*
Grünkohl *m* cavolo *m* verde
grünlich verdastro
„Grünzeug" *n (familiare per)* verdura *f*
Grütze *f* tritello *m*
Grütze *f*/**rote** *bacche rosse un po' acidule, leggermente gelatinizzate o con aggiunta di tapioca, servite come dessert con panna o crema alla vaniglia (specialità della Germania del nord)*
Gugelhupf *m tipo di babà cotto in uno stampo rotondo (specialità della Germania meridionale, dell'Austria e dell'Alsazia)*
Gulasch *m* gulasch *m*, spezzatino *m*
Gurke *f* cetriolo *m*
Guss *m* getto *m (acqua)*; colata *f*
Gusseisen *n* ghisa *f*
Gutedeltraube *f* chasselas *m (varietà d'uva bianca molto pregiata)*
Gütesiegel *n*, **Gütezeichen** *n* marchio *m* di qualità

H

Haarsieb *n* setaccio *m* di crine
Haarwild *n* selvaggina *f* di pelo
Hachse *f* stinco *m*
Hackbeil *n* accetta *f*
Hackbeil *n*/**kleines** mannaia *f*
Hackblock *m* ceppo *m*
Hackbraten *m* polpettone *m* di carne *(varie ricette in Germania)*
hacken *v* tritare
hacken *v*/**fein** tritare finemente
Hackepeter *m s.* Mett
Hackfleisch *n* carne *f* trita
Hacksteak *n* hamburger *m*
Hacksteak *n*/**rohes** tartara *f*
Haddock *m* eglefino *m* affumicato
Hafer *m* avena *f*
Haferflocke *f* fiocco *m* d'avena
Hagebutte *f falso frutto della rosa canina o rosa di macchia*
Hagelzucker *m* zucchero *m* granellato
Hahn *m* gallo *m*
Hahn *m*/**junger** galletto *m*
Hähnchen *n s.* Hühnchen
Hai *m*, **Haifisch** *m* pescecane *m*, squalo *m*
halbbitter semiamaro
Halbgefrorenes *n s.* Softeis
Hälfte *f* metà *f*
Hals *m* 1. collo *m*; 2. giovarro *m (bue, vitello, montone)*; 3. lombata *f (maiale)*
haltbar conservabile
Haltbarkeit *f* conservabilità *f*
Hamburger Aalsuppe *f piatto a base di pezzi d'anguilla cotti nel brodo con legumi, prugne e fettine rotonde di mela essiccata (specialità di Amburgo)*
Hamburger Rauchfleisch *n carne di manzo affumicata e cotta (specialità di Amburgo)*
Hammel *m* montone *m* castrato
Hammelhoden *m* rognone *m* di montone
Hand *f* mano *f* • **eine Hand voll** un pugno di
Handelsmarke *f* marchio *m* commerciale, marchio *m* di fabbrica
Handgriff *m* pugno *m*
Handgriff *m*/**kleiner** piccolo pugno *m*
Handlauf *m* corrimano *m*
Handmixer *m* frullino *m*
Handmühle *f*/**kleine** passaverdure *m* elettrico
Handschuh *m* guanto *m*
Handtuch *n* asciugamano *m*
Harfe *f* affettatore *m (attrezzo per tagliare il formaggio o altri cibi morbidi)*
hart duro • **hart werden** indurirsi
Hartkäse *m* formaggio *m* duro
Hartweizen *m* grano *m* duro

Hase *m* lepre *f*
Haselnuss *f* nocciola *f*
Hasenpfeffer *m* frattaglie *fpl* di lepre in salmì
Hauptgang *m*, **Hauptgericht** *n* piatto *m* principale
hausgebeizt marinato in casa
hausgemacht fatto in casa
Hauskaninchen *n s.* Kaninchen
Hausmacher... casereccio *(designa una particolarità nella composizione e preparazione di un prodotto, in generale di salumi e carne)*
Hausmannskost *f* cucina *f* casalinga
Haut *f* pelle *f* • **Haut abziehen** togliere la pelle, spellare
Haxe *f s.* Hachse
Hebel *m* leva *f*
Hecht *m* luccio *m*
Hefe *f* lievito *m*
Hefebrot *n* pane *m* lievitato
Hefeteig *m* pasta *f* lievitata
Heidelbeere *f s.* Blaubeere
Heidschnucke *f razza di pecore allevate nella regione di Luneburgo*
Heilbutt *m* ippoglosso *m (Hippoglossus hippoglossus: grosso pesce dei Pleuronettidi)*
heiß bollente • **heiß machen** scaldare
Henkel *m* manico *m*; ansa *f*
Henne *f* gallina *f*
herb aspro, acre
Herbe *f* asprezza *f*
Herd *m* cucina *f*; fornello *m*
Herd *m*/**an der Wand stehender** fornello *m* a parete
Herd *m*/**freistehender** fornello *m* centrale
Hering *m* aringa *f*
Heringshai *m s.* Kalbfisch
Heringssalat *m* insalata *f* d'aringhe marinate
Herkunft *f* provenienza *f*, origine *f*
Herkunftsbezeichnung *f* denominazione *f* d'origine
Herkunftsnachweis *m* certificazione *f* d'origine controllata
herrichten *v* preparare; sistemare
herstellen *v* produrre, fabbricare
Hersteller *m* produttore *m*, fabbricante *m*
Herstellung *f* produzione *f*, fabbricazione *f*
Herz *n* cuore *m*
Hilfe *f* aiuto *m* • **mit Hilfe von** con l'aiuto di
Hilfskoch *m* aiutocuoco
Himbeere *f* lampone *m*
Himbeergeist *m* distillato *m* di lampone
Himbeertorte *f* torta *f* di lamponi
Himmel und Erde *sanguinaccio grigliato con cipolle, servito con purè di patate e composta di mele (specialità della Renania e della Vestfalia)*
Hirn *n* cervella *f*
Hirsch *m* cervo *m*
Hirschkalb *n* cerbiatto *m*
Hirschkuh *f* cerva *f*
Hirse *f* miglio *m*
Hitze *f* calore *m* • **bei schwacher Hitze** a fuoco lento
hitzebeständig resistente al calore
Hitzekreislauf *m* circolazione *f* del calore
H-Milch *f* latte *m* a lunga conservazione
Hobel *m* affettaverdure *m*
hobeln *v* tagliare, affettare
höflich gentile, cortese
Höflichkeit *f* gentilezza *f*, cortesia
hohl cavo, incavato
Holunder *m* sambuco *m*
Holz *n* legno *m*
Honig *m* miele *m* • **mit Honig gesüßt** dolcificato col miele • **mit Honig versetzt** con aggiunta di miele
Honoratiorenstück *n s.* Tafelspitz 1.
Hörnchen *n* cornetto *m*, brioche *f*
Hose *f* calzoni *mpl*, pantaloni *mpl*
Hüfte *f* anca *f*, fianco *m*
Huhn *n* pollo *m*
Hühnchen *n* pollastro *m*, pollastrello *m*
Hühnerbrühe *f* brodo *m* di pollo
Hühnerklein *n* interiora *fpl* di pollo
Hülse *f s.* Schote
Hummer *m* omaro *m*, astice *m*, gambero *m* marino *(Homarus vulgaris)*
Hummerkrabbe *f* scampo *m*, nefrope *m* *(Nephrops norvegicus)*
Hummersuppe *f* zuppa *f* di gamberi
Hummerzange *f* pinza *f* per gamberi
Hygieneverordnung *f* norma *f* igienica
hygienisch igienico

I

Imbiss *m* spuntino *m*
Ingwer *m* zenzero *m*
Inhalt *m* contenuto *m*
Innereien *pl* interiora *fpl*

Instantbrühe *f* dado *m* per brodo
irden *s.* Keramik…
Islandmuschel *f* cappa *f* verrucosa
Isolierkanne *f* thermos *m*
Italienischer Salat *m contorno con pezzetti di carne, a volte di uova sode, legumi e frutta legati con salsa maionese*

J

Jacke *f* giacca *f*
Jagdwurst *f s.* Schinkenwurst
Jägerschnitzel *n scaloppina di maiale con salsa ai funghi*
Jahresurlaub *m* ferie *fpl* annuali
Jahreszeit *f* stagione *f* • **abhängig von der Jahreszeit, jahreszeitlich bedingt** di stagione, stagionale
Jahrgang *m* annata *f (vino)*
Jahrgangsangabe/mit con indicazione dell'annata
Jakobsmuschel *f* capasanta *f*
Jenaer Glas *n* vetro *m* di Jena, pirex *m*
Jod *n* iodio *m*
Joghurt *m* joghurt *m*
Johannisbeere *f***/rote** ribes *m* comune
Johannisbeere *f***/schwarze** ribes *m* nero
jung giovane
Jungente *f* anatroccola *f*
Jungfasan *m* fagianotto *m*, fagiano *m* giovane
Junghase *m* leprotto *m*
Jungrind *n* giovenca *f*
Jungschwein *n* maialino *m*, porcellino *m*

K

Kabeljau *m* merluzzo *m* comune
Kaffee *m* caffè *m*
Kaffee *m***/koffeinfreier** caffè *m* decaffeinato
Kaffeekanne *f* bricco *m* del caffè
Kaffeelöffel *m* cucchiaino *m*
Kaffeemaschine *f* macchina *f* del caffè
Kaiserfleisch *n* prosciutto *m* del Kaiser *(pancetta magra cotta in una forma e affumicata)*
Kaisergranat *m s.* Hummerkrabbe
Kaiserkirsche *f* ciliegia *f* napoleon *(varietà dal colore giallo e rosso)*
Kaiserschmarrn *m crespelle dolci a pezzi preparate con molti tuorli e aggiunta di chiare montate a neve, servite con uvetta, marmellata e zucchero a velo (specialità originariamente austriaca)*
Kaiserschote *f s.* Zuckerschote
Kakao *m* cacao *m*; cioccolata *f* calda
Kalb *n* vitello *m*
Kalbfisch *m nome commerciale dello smeriglio affumicato*
Kalbfleisch *n* carne *f* di vitello
Kalbfleisch *n***/eingemachtes** fricassea *f* di vitello
Kalbsbries *n* animella *f* di vitello
Kalbsbrust *f***/gefüllte** cima *f* alla genovese *(punta di petto di vitello farcita)*
Kalbsbrustscheibe *f* fettina *f* di vitello
Kalbsfrikassee *n s.* Kalbfleisch/eingemachtes
Kalbsgekröse *n* interiora *fpl* di vitello
Kalbskäse *m impasto di carne di vitello cotto al forno in uno stampo*
Kalbskeule *f* coscia *f* di vitello
Kalbskopf *m* testina *f* di vitello
Kalbsleberwurst *f salsiccia cotta con impasto spalmabile a base di carne e/o di fegato di vitello*
Kalbsmedaillon *n* medaglione *m* di vitello
Kalbsnierenbraten *m* arrosto *m* di vitello con rognoni
Kalbsnuss *f* noce *f* di vitello
Kaldaunen *fpl* trippa *f*
Kalmar *m* calamaro *m*
kalt freddo • **kalt stellen** mettere in fresco
Kälte *f* freddo
Kalte Platte *f* piatto *m* freddo
Kältemaschine *f* macchina *f* frigorifera
Kaltschale *f* composta *f* di frutta fredda
Kamille *f* camomilla *f*
Kamin *m* camino *m*
Kamm *m s.* Hals 2.
Kammmuschel *f s.* Meermandel
kandieren *v* candire
Kandiszucker *m* zucchero *m* candito
Kaninchen *n* coniglio *m*
Kaninchenfrikassee *n* fricassea *f* di coniglio
kannelieren *v* scanalare, scannellare *(pasta)*

Kapaun *m* cappone *m*
Kaper *f* cappero *m*
Karaffe *f* caraffa *f*
Karaffe *f***/kleine** paraffina *f*
Karamell *n* caramello *m*
karamellisieren *v* caramellare
Karbonade *f* braciola *(di maiale)*
Karierholz *n* mattarello *m* quadrettato
Karotte *f* carota *f*
Karpfen *m* carpa *f*
Karpfen *m***/gefüllter** carpa *f* ripiena *(carpa farcita con carne di altri pesci, servita con barbabietole rosse ed insalata dolce di patate; piatto yiddish)*
Kartoffel *f* patata *f*
Kartoffelkrokette *f* crocchetta *f* di patate
Kartoffelpuffer *m frittella piatta di patate crude grattugiate legate con l'uovo*
Käse *m* formaggio *m*
Käsegebäck *n* biscotti *mpl* al formaggio
Käsekuchen *m* torta *f* di ricotta
Käseplatte *f* selezione *f* di formaggi
Käse(sahne)torte *f* torta *f* alla crema di ricotta e panna
Käsewagen *m* carrello *m* dei formaggi
Kasseler Kamm *m capocollo di maiale salmistrato e affumicato*
Kasseler Rippchen *n*, **Kasseler Rippenspeer** *m* costoletta *f* di maiale in salamoia, affumicata
Kasserolle *f* casseruola *f*
Kastanie *f* castagna *f*
Kastanie *f***/kandierte** marron *m* glacé
Kästchen *n* cassettina *f*
Katenschinken *m prosciutto crudo affumicato (specialità dello Schleswig-Holstein)*
Katzenhai *m* gattuccio *m (Scyliorinus canicula)*
Kauf *m s.* Einkauf
kaufen *v s.* einkaufen
Kaumagen *m* ventricolo *m*
Kaviar *m* caviale *m*
kehren *v* ramazzare, spazzare, scopare
Keim *m*, **Keimling** *m* germe *m*; germoglio *m*
Keks *m* biscotto *m*
Kelchglas *n* calice *m*
Keller *m* cantina *f*
Kellermeister *m* capo *m* cantiniere
Kellerverwalter *m* amministratore *m* della cantina
Kellner *m* cameriere *m*
Kellnerin *f* cameriera *f*
Kennzeichnungspflicht *f* obbligo *m* di contrassegno, obbligo *m* di contrassegnare
Keramik... di ceramica
Kerbel *m* cerfoglio *m*
Kern *m* nocciolo *m*, seme *m*
kernig *s.* fest
Kernobst *n* frutta *f* con semi
Kernschinken *m* prosciutto *m* crudo affumicato di maiale *(affumicato con legno di ginepro, simile al prosciutto delle Ardenne)*
Kerzenhalter *m* candeliere *m*, bugia *f*
Kessel *m* paiolo *m*
Kesselfleisch *n s.* Wellfleisch
Keule *f* coscia *f (di bue, di volatile)*; cosciotto *m (di vitello, di montone, d'agnello, di selvaggina grossa)*
Kichererbse *f* cece *m*
Kindersitz *m* seggiolino *m* per bambini
Kippbratpfanne *f* padella *f* rovesciabile
kippen *v* rovesciare, capovolgere, ribaltare
Kippkochkessel *m* bollitore *m* rovesciabile
Kirsche *f* ciliegia *f*
Kirsche *f***/kleine wilde** ciliegia *f* selvatica
Kirschwasser *n* acquavite *f* di ciliegie
Kissen *n* cuscino *m*
klar 1. limpido, chiaro; 2. raffinato *(zucchero)*
klären *v* raffinare *(zucchero)*; purificare
Klären *n s.* Klärung
Klarsichtfolie *f* pellicola *f* trasparente • **in Klarsichtfolie einhüllen** avvolgere nella pellicola trasparente • **mit Klarsichtfolie abdecken** coprire con la pellicola trasparente
Klärung *f* depurazione *f*; chiarificazione *f*
kleben *v* attaccare, appiccicare, incollare; rimanere incollato, rimanere appiccicato, aderire, essere attaccato
Kleiderbügel *m* ometto *m*, gruccia *f*
Kleie *f* crusca *f*
Kleingebäck *n* pasticcini *mpl*
Klimaanlage *f* climatizzazione *f*, aria *f* condizionata
Klinge *f* lama *f*
Klippfisch *m s.* Stockfisch
Klops *m s.* Kloß
Kloß *m* polpetta *f*; gnocco *m*
Klößchen *n* gnocchetto *m*; polpettina *f*
Klümpchen *n* grumetto *m*
Klumpen *m* grumo *m*
Klumpen *m***/sehr großer** ammasso *m*, gnocco *m*

klumpig grumoso
knackig croccante
Knackwurst *f* salamino *m*
kneten *v* impastare
Knoblauch *m* aglio *m* • **mit Knoblauch gewürzt** insaporito con l'aglio
Knoblauchpresse *f* spremiaglio *m*
Knoblauchwurst *f* salame *m* all'aglio
Knoblauchzehe *f* spicchio *m* d'aglio
Knochen *m* osso *m* • **Knochen lösen** disossare
Knochenmark *n* midollo *m* osseo
Knochensäge *f* sega *f* per ossi
Knochenschinken *m* prosciutto *m* con l'osso
knochig ossuto
Knödel *m* canederlo *m*; gnocco *m (di pane, uova, ecc.)*
Knorpel *m* cartilagine *f*
Knurrhahn *m* cappone *m*, gallinella *f (pesce della famiglia dei Triglidi)*
knusprig croccante
Koch *m* cuoco *m*
köcheln *v* cuocere a fuoco lento
köcheln lassen *v* far cuocere a fuoco lento
kochen *v* cucinare, cuocere
Kochen *n* ebollizione *f*, cottura *f*
kochend *v*/**fest** *s.* fest kochend
kochfertig pronto per essere cucinato, pronto per essere scaldato
Kochfläche *f s.* Kochplatte
Kochfleisch *n s.* Siedfleisch
Kochkessel *m* marmitta *f*, paiolo *m*
Kochlöffel *m* ramaiolo *m*
Kochmütze *f* cappello *m* da cuoco
Kochplatte *f* piastra *f*, fornello *m*
Kochschinken *m* prosciutto *m* cotto
Kochschrank *m* forno *m* a convenzione
Kochtopf *m* pentola *f*, casseruola *f*
Kochzeit *f* tempo *m* di cottura
koffeinfrei decaffeinato
Kohl *m* cavolo *m*
Kohlensäure *f* anidride *f* carbonica • **mit Kohlensäure** gassato, gasato, frizzante • **ohne Kohlensäure** non gassato, non gasato
Köhler *m*, **Kohlfisch** *m* merluzzo *m* carbonario *(Pollachius virens)*
Kohlrabi *m* cavolo *m* rapa
Kohlroulade *f* involtino *m* di foglie di cavolo
Kohlrübe *f* rapa *f*
Kokosfett *n* grasso *m* di cocco
Kokosmakrone *f* biscotto *m* al cocco
Kokosnuss *f* noce *f* di cocco
Kompott *n* composta *f*, frutta *f* cotta
Kondensmilch *f* latte *m* condensato
Konditoreiware *f* pasticceria *f*
Konfitüre *f* marmellata *f*, confettura *f*
Konfitüretopf *m* vasetto *m* della marmellata
Königinpastete *f vol-au-vent ripieno di pollo, funghi, ecc.*
Königsberger Klops *m polpette insaporite con capperi tritati, servite in salsa bianca (originariamente specialità di Königsberg/Kaliningrad)*
Königskrabbe *f* gamberone *m*
konservieren *v* conservare, mettere in conserva
Konservierungsmittel *n* conservante *m*, mezzo *m* di conservazione
Konsistenz *f* consistenza *f*, densità *f*
Kontrolle *f* controllo *m*
kontrollieren *v* controllare, verificare
Kontrolllampe *f* lampada *f* di controllo
Konzentrat *n* concentrato *m*
Kopf *m* testa *f*
Kopfsalat *m* lattuga *f*
Kopfschwarte *f* cotenna *f* di testa
Korb *m* cesto *m*, paniere *m*
Koriander *m* coriandolo *m*, coriandro *m*
Korinthe *f* chicco *m* d'uva passa
Korken *m* tappo *m*, turacciolo *m*
Korkenzieher *m* cavatappi *m*
Korn *n* 1. chicco *m*; 2. grano *m*; 3. acquavite *f* di grano
körnig granuloso, a grani, granulare • **körnig machen** cuocere al dente
Kornschnaps *m s.* Korn 3.
koscher cascer, kasher
kosten *v* assaggiare, assaporare, provare *(il gusto di)*
köstlich delizioso, squisito
Köstlichkeit *f* delizia *f*, prelibatezza *f*
Kotelett *n* costoletta *f*; cotoletta *f*
Kotelettstrang *m* nodino *m* di maiale
Krabbe *f* granchio *m*
krachig croccante
Kraftbrühe *f* brodo *m* ristretto
Krakauer (Wurst) *f salsiccia di Cracovia, affumicata due volte*
Krake *f* polpo *m*
Kranz *m* corona *f*
Krapfen *m* krapfen *m*
Kraut *n* 1. erba *f* aromatica; 2. cavolo *m*
Kräuterquark *m* quark *m* aromatizzato

Kräutersträußchen *n* mazzetto *m* d'erbe aromatiche
Krautwickel *m* involtino *m* di cavolo
Krebs *m* gambero *m*
Krem *f* crema *f*
kremig cremoso
Kren *m s.* Meerrettich
Kresse *f* crescione *m*
Kretzer *m vino rosato, realizzato con il „Kretze", cesto per contenere la vinaccia*
Kristallzucker *m* zucchero *m* cristallino
Krokant *m* croccante *m*
Krokette *f* crocchetta *f*
kross *s.* knusprig
Krug *m* brocca *f*, boccale *m*
Krug *m*/**kleiner** brocchetta *f*
Krume *f* briciola *f*
Krümel *m* briciolina *f*
krümelig granulare, friabile
krümeln *v* sbriciolare, sminuzzare
Krümelschublade *f* raccoglibriciole *m (tostapane)*
Kruste *f* crosta *f*
Krustentier *n* crostaceo *m*
Küche *f* cucina *f* • **eine sehr gute Küche** un'ottima cucina *(arte culinaria)*
Kuchen *m* dolce *m*, torta *f*
Kuchenblech *n s.* Backblech
Kuchenboden *m* fondo *m* di torta
Küchenbrigade *f* squadra *f* di cucina
Küchenchef *m* chef *m*, capocuoco *m*
Kuchengabel *f* forchetta *f* da dessert
Küchengarn *n* filo *m* da cucina
Küchengehilfe *m* aiuto *m* cucina
Küchengerät *n* utensile *m* da cucina
Küchengeschirr *n* stoviglie *fpl* da cucina
Küchenjunge *m* apprendista *m* cuoco
Küchenkräuter *npl* odori *mpl*, erbe *fpl* aromatiche
Küchenkrepp *m* carta *f* da cucina
Küchenpapier *n s.* Küchenkrepp
Küchenpersonal *n* personale *m* di cucina
Küchenwecker *m* timer *m* da cucina
Kugel *f* palla *f*
Kuh *f* mucca *f*
kühl fresco
kühlen *v* raffreddare
kühlen *v*/**sehr stark** refrigerare
Kühlraum *m* cella *f* frigorifera
Kühlschrank *m* frigorifero *m*, frigo *m*
Kühltheke *f* banco *m* refrigerato
Kühltruhe *f* congelatore *m*, freezer *m*
Kühlung *f*, **Kühlverfahren** *n* raffreddamento *m*, refrigerazione *f*
Kühlvitrine *f* vetrina *f* refrigerata
Kümmel *m* cumino *m*
Kümmelschnaps *m* 1. *acquavite di grano, aromatizzata al cumino (Germania)*; 2. grappa *f* al cumino *(Italia)*
Kunde *m* cliente *m*
Kundschaft *f* clientela *f*
künstlich artificiale, sintetico
Kürbis *m* zucca *f*
Kurzbraten *n* cottura *f* rapida
Kuttelfleck *m s.* Gekröse
Kutteln *fpl s.* Kaldaunen

L

Lab *n* caglio *m*, presame *m*
Lachs *m* salmone *m*
Lachsschinken *m lombetto di maiale salato e pepato seccato all'aria*
lagern *v* immagazzinare, mettere in magazzino
Laib *m* 1. forma *f (formaggio)*; 2. pagnotta *f (pane)*
Lakritze *f* liquirizia *f*
Lamm *n* agnello *m*
Lamprette *f* lampreda *f (denominazione di varie specie di pesci della classe dei Ciclostomi, sia marini, come la lampreda di mare, che d'acqua dolce, come la lampreda di fiume)*
Land *m* campagna *f*
Landbrot *n* pane *m* casareccio
Land(gast)haus *n* 1. agriturismo *m*; 2. *albergo di campagna con prestazioni alberghiere di grande comfort e con una cucina regionale raffinata*
ländlich (einfach) campagnolo, rustico, semplice
Landwein *m* vino *m* locale
lang lungo
Länge *f* lunghezza *f* • **der Länge nach** nel verso della lunghezza
länglich allungato, oblungo
Languste *f* aragosta *f*
Langustine *f s.* Hummerkrabbe
Lattenrost *m* graticcio *m*
Lattich *m s.* Kopfsalat
Lauch *m* porro *m (Allium porrum: ortaggio delle Liliacee simile alla cipolla, di cui si utilizza il fusto)*

lauwarm tiepido • **lauwarm werden** intiepidirsi
Lavendel *m* lavanda *f*
lebend, lebendig vivente, vivo
Lebensmittel *n* alimento *m*, derrata *f* alimentare
Lebensmittelfarbe *f* colorante *m* per alimenti
Leber *f* fegato *m*
Leber *f***/saure** *fegato di vitello o di manzo tritato e cotto in una salsa all'aceto*
Lebercreme *f* mousse *f* di fegato
Leberkäse *m pasticcio di carne tritata e cotta al forno in una forma rettangolare*
Leberklößchensuppe *f brodo guarnito da polpettine di fegato*
Leberknödel *m canederlo a base di fegato di manzo, di vitello o di maiale*
Leberpastete *f* pâté *m* di fegato
Leberwurst *f salsiccia di pâté di fegato*
Leberwurst *f***/grobe** *salsiccia di pâté di fegato macinato grossolanamente, da spalmare*
Lebkuchen *m* panpepato *m*
leer vuoto
leeren *v* vuotare, svuotare
legen *v* 1. mettere; 2. stendere
legen *v***/aufeinander** sovrapporre
legieren *v* (far) legare *(una salsa)*
leicht facile • **leichter machen** facilitare
Lende *f s.* Filet
Lendenbraten *m s.* Lendenstück
Lendenstück *n* lombata *f*
Lerche *f* allodola *f*
Liebstöckel *m* levistico *m*, sedano *m* di monte *(Levisticum officinalis: pianta erbacea delle Ombrellifere)*
Lieferant *m* fornitore *m*
liefern *v* fornire
Likör *m* liquore *m*
likörartig liquoroso *(vino)*
Limone *f* limetta *f*
Lindenblütentee *m* tisana *f* al tiglio
Linse *f* lenticchia *f*
Liter *m* litro *m*
locker soffice *(pasta)*
lockern *v* alleggerire *(la pasta)*
Löffel *m* cucchiaio *m* • **ein Löffel voll** un cucchiaio pieno
Löffelbiskuit *n* savoiardo *m*
Löffelhalter *m* reggimestoli *m*
Lorbeer *m* alloro *m*
lösen *v***/Knochen** *s.* ausbeinen
lösen *v***/sich** 1. staccarsi; 2. sciogliersi
Lösung *f* soluzione *f*
Löwenzahn *m* dente *m* di leone
Luft *f* aria *f*
lüften *v* aerare, arieggiare
Luftfeuchtigkeit *f* umidità *f* dell'aria
Lüftung *f* aerazione *f*, ventilazione *f*
Lunge *f* polmone *m*
Lüngerl *n spezzatino di polmone all'aceto (specialità della Baviera)*
Lyoner Wurst *f s.* Fleischwurst

M

Magen *m* stomaco *m*
mager magro
Magermilch *f* latte *m* magro
Maggikraut *n s.* Liebstöckel
mahlen *v* macinare
Mahlzeit *f* pasto *m*
Maifisch *m s.* Alse
Majoran *m* maggiorana *f*
Makrele *f* maccarello *m (Scomber scombrus)*
Makrone *f dolcetto a base di mandorle e cocco*
Malve *f* malva *f*
Mandel *f* mandorla *f*
Mandelcreme *f* crema *f* di mandorle
Mandoline *f* affettaverdure *m*
Mangofrucht *f* mango *m*
Mangold *m* bietola *f*
Marinade *f* marinata *f*
marinieren *v* marinare
Mark *n s.* Knochenmark
Markenzeichen *n***/geschütztes** marchio *m* depositato
Markklößchen *n* gnocco *m* di midollo *(per guarnire il brodo)*
Markknochen *m* osso *m* con midollo
Markt *m* mercato *m*
marmoriert *s.* durchwachsen
Marzipan *n*, **Marzipanteig** *m* marzapane *m*, pasta *f* di mandorle
Maß *n* misura *f* • **nach Maß** su misura
mästen *v* ingrassare
Mastgans *f***/junge** papero *m* da ingrasso
Masthuhn *n* pollo *m* da ingrasso
Matjeshering *m* aringa *f* marinata *(nel sale)*
Matjessalat *m s.* Heringssalat
matt opaco

Matze *f* pane *m* azzimo
Maul *n* bocca *f (di animali)*; muso *m*
Maulbeere *f* mora *f* di gelso
Maultasche *f grosso raviolo farcito di carne, spinaci, cipolle ed erbe aromatiche (specialità sveva)*
Maultier *n* mulo *m*
Meer *n* mare *m*
Meeraal *m* grongo *m*, congro *m*, gongro *m (Conger conger: pesce marino degli Anguilliformi)*
Meeräsche *f* muggine *m (pesce d'acqua salata: varie specie della famiglia dei Mugilidi)*
Meeresfisch *m* pesce *m* d'acqua salata
Meeresfrüchte *fpl* frutti *mpl* di mare
Meereskrebs *m* granciporro *m*, granchio *m* paguro, granchio *m*
Meermandel *f* pettine *m* di mare
Meerrettich *m* barbaforte *m*, cren *m*
Mehl *n* farina *f* • **mit Mehl bestreuen** cospargere di farina • **Mehl sieben** setacciare la farina
Mehlbutter *f* burro *m* lavorato a freddo
mehlig farinoso
Mehlschwitze *f s.* Einbrenne
Mehlsieb *n* setaccio *m* per farina
Mehrwertsteuer *f* **(MwSt)** imposta *f* sul valore aggiunto • **„einschl. MwSt"** IVA inclusa
Melone *f* melone *m*
Melonenkürbis *m* zucca *f (pianta erbacea delle Cucurbitacee e frutto della pianta omonima)*
Menge *f* quantità *f*
Menü *n* menu *m*, menù *m*, lista *f* delle vivande
Meringe *f* meringa *f*
Messbecher *m* misurino *m*
messen *v* misurare
Messer *n* coltello *m*
Messerblock *m* ceppo *m* coltelli
Messerschleifer *m s.* Schleifmaschine
Messerspitze *f* punta *f* di coltello; punta *f*, pizzico *m (una piccolissima quantità)*
Mett *n carne macinata di maiale, con cipolle, sale e spezie, consumata cruda*
Mettwurst *f salsiccia di carne di maiale macinata fine, con impasto spalmabile*
Miesmuschel *f*/**kleine gezüchtete** mitilo *m*, cozza *f*, muscolo *m* da allevamento *(Mytilus edulis: mollusco con conchiglia nera)*
Mikrowellenherd *m* forno *m* a microonde
Milch *f* latte *m*
Milch *f*/**haltbare** latte *m* a lunga conservazione
Milchlamm *n* agnello *m* da latte
Milchner *m* latte *m* di pesce
Milchprodukt *n* latticino *m*
Milchpulver *n* latte *m* in polvere
Milchreis *m* riso *m* al latte
mild delicato, dolce
Milz *f* milza *f*
Milzwurst *f salsiccia macinata finemente con grossi pezzi di milza, servita generalmente a fette panate (specialità della Baviera)*
mineralisch minerale
Mirabelle *f* mirabella *f*
mischen *v* mescolare, mischiare; incorporare
Mischgemüse *n* verdura *f* mista
Mischung *f* mescolanza *f*, miscela *f (caffè)*; assortimento *m (ad es. biscotti)*
Mispel(frucht) *f* nespola *f*
Mittagessen *n* pranzo *m*
Mitte *f* centro *m*; metà *f*
mittel..., Mittel... medio *(dimensione, qualità)*; centrale *(posizione)*
Model *m* stampo *m*
modellieren *v* modellare
Mohn *m* papavero *m*
Mohnbrötchen *n panino cosparso di semi di papavero*
Möhre *f* carota *f*
Molke *f* siero *m* di latte
Morchel *f* morchella *f*, spugnola *f (Morchella vulgaris: fungo commestibile degli Ascomiceti)*
Mörser *m* mortaio *m*
Mühle *f* mulino *m*
Mulde *f* fontana *f (buco che si apre in un mucchio di farina per versarvi gli ingredienti da impastare, come latte, uova ecc.)*
Müllbeutel *m* sacchetto *m* della spazzatura, sacchetto *m* dell'immondizia
Mülleimer *m*, **Mülltonne** *f* bidone *m* della spazzatura, bidone *m* dell'immondizia
Münchener Weißwurst *f salsiccia di vitello e di maiale precotta, sbollentata e servita in acqua calda (specialità di Monaco, DOP)*
Mund *m* bocca *f* • **einen Mund voll** boccone *m*
mürb *s.* weich • **mürb werden** *s.* weich werden

Mürbeteig *m* pasta *f* frolla
Mus *n* 1. *s.* Kompott; 2. purea *f*, crema *f*
Muschel *f* 1. conchiglia *f*; 2. mollusco *m* (con conchiglia)
Muschelgarten *m* mitilicoltura *f*
Muskatnuss *f* noce *f* moscata
Muskat(nuss)blüte *f* macis *m(f) (polpa che avvolge il seme della noce moscata)*
Muskel *m* muscolo *m*
Mutzen *fpl* pasta *f* brisée fritta *(specialità tedesca del periodo di carnevale)*

N

nach und nach a poco a poco
Nachspeise *f*, **Nachtisch** *m* dessert *m*, dolce *m*
Nacken *m s.* Hals
Nadel *f* ago *m*
Nagelholz *n s.* Hamburger Rauchfleisch
Nährstoff *m* sostanza *f* nutritiva; nutrimento *m*
Nahrungs… alimentare
Nahrungsmittel *n s.* Lebensmittel
Nährwert *m* valore *m* nutritivo
Napf *m s.* Schale 1.
natürlich naturale
nehmen *v*/**aus der Form** estrarre dalla tortiera, togliere dalla forma, sformare
Nektarine *f* pesca *f* noce
Nelkengewürz *n* chiodo *m* di garofano in polvere
Nest *n* nido *m*
Netz *n*, **Netzfett** *n* rete *f*, omento *m*
Neunauge *n s.* Lamprette
Nichtraucherbereich *m* zona *f* non fumatori
niedrig basso
niedriger stellen *v s.* senken
Niere *f* rognone *m*
Nierenfett *n s.* Schmer
Nizza-Salat *m* insalata *f* nizzarda
Nockerl *n s.* Grießklößchen
Note *f s.* Akzent
notieren *v s.* aufschreiben
nötig necessario • **falls nötig** se necessario, in caso di necessità
notwendig *s.* nötig
Notwendigkeit *f* necessità *f*
Nudel *f* pasta *f*
Nudelauflauf *m pasta, soprattutto tagliatelle, e prosciutto tagliato a dadini, legati con l'uovo, insaporiti con spezie e cotti al forno in uno stampo per soufflé*
Nudelholz *n s.* Rollholz
Nudelmaschine *f* macchina *f* per fare la pasta
Nudeln *fpl s.* Teigwaren
Nudelsalat *m* insalata *f* di pasta
Nudel(teig)trockner *m* essiccatoio *m* per pasta
Nürnberger Rostbratwurst *f salsiccia di maiale tritata grossolanamente, da preparare alla griglia (specialità della Franconia, DOP)*
Nuss *f s.* Walnuss
Nussknacker *m* schiaccianoci *m*
Nussöl *n* olio *m* di noci
Nussschinken *m prosciutto crudo di maiale salato e affumicato*

O

Oberfläche *f* superficie *f*
Oberkellner *m* capocameriere *m*
Oblate *f s.* Matze
Obst *n* frutta *f*
Obstler *m* acquavite *f* di frutta
Obstsalat *m* macedonia *f* di frutta
Ochse *m* bue *m*
Ochsenauge *n s.* Spiegelei
Ochsengaumen *m*, **Ochsenmaul** *n* musello *m* di bue
Ochsenmaulsalat *m* insalata *f* di muso di bue
Ochsenschwanz *m* coda *f* di bue
Ofenthermometer *n* termometro *m* da forno
Office *n* office *m*
Öffnungszeiten *fpl* orari *mpl* d'apertura
Ohr *n* orecchio *m*
Öl *n* olio *m*
ölig oleoso
Olive *f* oliva *f*
Olivenöl *n* olio *m* d'oliva
Olivenöl *n*/**extra natives** olio *m* extra vergine d'oliva *(ottenuto dalla prima spremitura, con un'acidità inferiore all'1%, usato soprattutto crudo per condire insalate)*
Olivenöl *n*/**natives** *olio vergine d'oliva con un'acidità non superiore al 2%*

Omelett *n*, **Omelette** *f* omelette *f*; frittata *f*
Orange *f* arancia *f*
Orangeat *n* scorza *f* d'arancia candita
Oregano *m* origano *m*
Osterlamm *n* agnello *m* pasquale

P

Paar *n* paio *m*
Palatschinken *m specie di omelette arrotolata ripiena di marmellata o di gelato, ricoperta di cioccolato*
Palmenherz *n* cuore *m* di palma
Pampelmuse *f* pompelmo *m*
Panade *f* 1. pangrattato *m (per salse e ripieni)*; 2. panata *f*, pancotto *m*
panieren *v* impanare, panare
Paniermehl *n* farina *f* per impanare; pangrattato *m*
Pansen *m* rumine *m*
Panzer *m* carapace *m*, corazza *f (guscio di granchi e di altri crostacei)*
Papier *n* carta *f*
Papierfilter *m s.* Filterpapier
Paprika *m* 1. peperone *m*; 2. paprica *f*, peperoncino *m*
Paprikaschnitzel *n s.* Zigeunerschnitzel
Paprikaschote *f* peperone *m*
Parfait *n* semifreddo *m*
parieren *v* preparare per la cottura *(carne e pesce, togliendo le parti di scarto)*
Pariser Rolle *f ventre di maiale salato, arrotolato ed avvolto in omento di maiale*
Pariser Zunge *f lingua di bue salata e cotta*
Passe(-Plats) *n* passavivande *m*
passieren *v* passare
Passieren *n il passare la verdura*
Passiersieb *n s.* Durchschlag
Pastete *f* vol-au-vent *m*, pasticcio *m*, pâté *m*
Pastete *f* **im Teigmantel** pâté *m* in crosta
pasteurisieren *v* pastorizzare
Pasteurisierung *f* pastorizzazione *f*
Pellkartoffel *f* patata *f* lessata con la buccia
Perlhuhn *n* faraona *f*
Perlhuhn *n***/junges** giovane faraona *f*
Perlwein *m* vino *m* leggermente frizzante
Perlzwiebel *f* aglio *m* romano, aglio *m* di Spagna
Petermännchen *n* trachino *m*, pesce *m* ragno
Petersfisch *m* pesce *m* San Pietro *(Zeus faber)*
Petersilie *f* prezzemolo *m* • **mit Petersilie bedeckt** cosparso di prezzemolo • **mit Petersilie zubereitet** preparato col prezzemolo
Pfaffenstück *n s.* Tafelspitz 1.
Pfälzer Saumagen *m stomaco di maiale farcito di carne di maiale macinata, lardo, patate tagliate a dadi, porri, carote, spezie e cotto a bagnomaria (specialità del Palatinato)*
Pfännchen *n* padellino *m*, padellina *f*
Pfanne *f s.* Bratpfanne • **eine Pfanne voll** una padella piena, una padellata • **in der Pfanne braten** cuocere in padella, passare in padella
Pfannkuchen *m* crespella *f*, crêpe *f*
Pfeffer *m* pepe *m*
Pfefferkorn *n* pepe *m* in grani
Pfefferkorn *n***/rotes** pepe *m* rosso in grani
Pfefferkuchen *m s.* Lebkuchen
Pfefferminze *f* mentuccia *f*
Pfefferminztee *m* mentuccia *f*, infuso *m* di mentuccia
Pfeffermühle *f* tritapepe *m*
pfeffern *v* pepare
Pfefferschote *f***/milde** peperone *m*
Pfefferstreuer *m* pepiera *f*
Pfifferling *m* cantarello *m*, gallinaccio *m* *(Cantharellus cibarius: fungo commestibile delle Agaricacee)*
Pfirsich *m* pesca *f*
Pflanzenöl *n* olio *m* di semi
pflanzlich vegetale
Pflaume *f* prugna *f*
pflücken *v* cogliere
Pfund *n* mezzo chilo *m*
Pichelsteiner Topf *m pezzi di manzo, montone e maiale, disposti a strati in una casseruola con cipolle e diversi condimenti, cotti con poca acqua a fuoco lento*
pikant *s.* scharf
Pilz *m* fungo *m*
Pimpernell *m* pimpinella *f*, salvastrella *f* *(pianta erbacea delle Rosacee)*
Pinienkern *m* pinolo *m*
Pinsel *m* pennello *m*
Pistazie *f* pistacchio *m*
Platiermesser *n* coltello *m* con pestacarne

Platte *f* 1. piastra *f*; 2. piatto *m* di portata
Plätzchen *n* biscotto *m*; pasticcino *m*
Plockwurst *f salsiccia cruda di carne di bue e di maiale tritata finemente*
Plötze *f* leucisco *m* rosso *(Leuciscus rutilus: pesce d'acqua dolce della famiglia dei Ciprinidi)*
pochieren *v* affogare *(immergere in un liquido bollente per una rapida cottura)*
Pökelbrust *f petto di manzo salato e cotto*
Pökelfleisch *f* carne *f* salmistrata
Pökellake *f s.* Salzlake
pökeln *v* salmistrare, mettere in salamoia
Pökeln *n* il salmistrare, il mettere in salamoia
Pökelrippchen *n s.* Kasseler Rippchen
Pomeranze *f* arancia *f* amara
Pommes frites *fpl* patatine *fpl* fritte
Pommes-frites-Schneider *m* tagliapatate *m*
Porree *m s.* Lauch
Portion *f* porzione *f*
portionieren *v* dividere in porzioni
Porzellan *n* porcellana *f*
Porzellan *n*/**feuerfestes** porcellana *f* resistente al fuoco, porcellana *f* resistente al calore del forno
Poularde *f* pollastro *m* da ingrasso
Prager Schinken *m prosciutto cotto in una crosta di pane*
Praline *f* pralina *f*
Praline *f*/**sehr große** cioccolatino *m* ripieno
Preis *m* prezzo *m* • **alles im Preis inbegriffen** tutto incluso nel prezzo, tutto compreso
Preiselbeere *f* mirtillo *m* rosso
preiswert *s.* billig
Presse *f* pressa *f*; spremitoio *m*
pressen *v s.* drücken
Presskopf *m*, **Presssack** *m s.* Schweinskopfsülze
Prise *f* presa *f*
probieren *v s.* kosten
Pudding *m* 1. budino *m*; 2. flan *m (timballo di pasta salata o dolce)*; sformato *m*
Puderzucker *m* zucchero *m* in polvere
Pularde *f s.* Poularde
Pulver *n* polvere *f*
Punschring *m* savarin *m (dolce a forma di ciambella il cui impasto è simile a quello del babà)*
Püree *n* purè *m*, purea *f*, passato *m*
Püreepresse *f* schiacciapatate *m*
pürieren *v* fare una purea
Pute *f* tacchino *m*
Puter *m s.* Truthahn
putzen *v* pulire

Q

Qualität *f* qualità *f*
Qualitätswein *m* **bestimmter Anbaugebiete (Q.b.A.)** vino *m* DOC *(Denominazione di Origine Controllata), le cui caratteristiche e la cui provenienza territoriale sono garantite secondo modalità previste dalla legge*
Quark *m* quark *m*
Quarkspeise *f dessert a base di quark*
quellen (lassen) *v* (lasciar) gonfiare
Queller *m s.* Gemüsealge
Querrippe *f s.* Spannrippe
Quirl *m s.* Schlagbesen
Quitte *f* cotogna *f*, mela cotogna *f*

R

Radieschen *n* rapanello *m*
Raffinade *f* zucchero *m* raffinato, semolato
Ragout *n spezzatino a base di carne o di pesce*
Ragout fin *n spezzatino di pollame e di vitello con l'aggiunta di limone, servito spesso in piccoli vol-au-vents (originariamente specialità di Berlino)*
Rahm *m* panna *f*
Rahmschnitzel *n* scaloppina *f* alla panna
Rand *m* bordo *m*
ranzig rancido
Raps *m* colza *f (pianta erbacea delle Crocifere, dai cui semi si estrae un olio commestibile)*
Raspel *f* scaglietta *f (grattugiata)*
raspeln *v s.* abreiben
Rauch *m* fumo *m*
Rauch…, Räucher… *s.* geräuchert
Raucherbereich *m* zona *f* fumatori
Räucherfisch *m* pesce *m* affumicato
Räucherkäse *m* formaggio *m* affumicato
räuchern *v* affumicare
Räuchern *n* affumicatura *f*

Räucherspeck *m* pancetta *f* affumicata
Rauchfleisch *n carne di maiale salata e affumicata*
Rauke *f* ruchetta *f*, rucola *f*
Raum *m* 1. spazio *m*; 2. locale *m*, ambiente *m*, vano *m*
Raumtemperatur *f* temperatura *f* ambiente
Rebe *f s.* Weinstock
Rebhuhn *n* starna *f*, pernice *f* grigia
Rebhuhn *n*/**junges** perniciotto *m*
Rebsorte *f* varietà *f* di vite
Rechaud *m* scaldavivande *m*
Rechnung *f* 1. fattura *f*; 2. conto *m (ristorante)*; 3. calcolo *m*
Regal *n* scaffale *m*
Regenbogenforelle *f* trota *f* iridea *(Salmo irideus)*
Reh *n* capriolo *m*
Rehbock *m* capriolo *m* maschio
Rehfleisch *n* carne *f* di capriolo, capriolo *m*
Reibe *f s.* Raspel
Reibekuchen *m s.* Kartoffelpuffer
Reibemühle *f* macinino *m* per grattugiare
reiben *v s.* raspeln
reif maturo
Reife *f* maturità *f*
reifen (lassen) *v s.* abhängen (lassen)
Reifung *f* maturazione *f*
rein puro
Reineclaude *f* reine-claude *f*, prugna *f* regina Claudia
reinigen *v* pulire
Reinigung *f* pulitura *f*
Reis *m* riso *m*
Reisbrei *m s.* Milchreis
Reismehl *n* farina *f* di riso
Reneklode *f s.* Reineclaude
Renke *f* lavarello *m*, coregone *m* comune *(Coregonus lavaretus: pesce lacustre)*
reservieren *v* riservare, prenotare
Reservierung *f* prenotazione *f*
Rettich *m* rafano *m*
Rezept *n* ricetta *f*
Rhabarber *m* rabarbaro *m*
Ricke *f* capriola *f*, capriolo *m* femmina
riechen *v* sentire l'odore
Riefholz *n s.* Rillenwalze
Riegel *m* barretta *f*
Riesengarnele *f s.* Hummerkrabbe
Rillenwalze *f* mattarello *m* scanalato
Rind *n* 1. bovino *m*; 2. manzo *m*; 3. carne *f* bovina; 4. carne *f* di manzo
Rinde *f s.* Kruste
Rinderkotelett *n* costoletta *f* di manzo
Rinderschmorbraten *m* brasato *m* di manzo
Rindfleisch *n* carne *f* bovina; carne *f* di manzo
Rindfleischsalat *m* insalata *f* di carne di manzo
Rindswurst *f salsiccia precotta di manzo*
Ring *m* anello *m* • **im Ring** a forma d'anello *(salsiccia)*
Ringeltaube *f* colombaccio *m*
Rippchen *n carré di maiale, con o senza osso, salato e cotto*
Rippe *f s.* Kotelett
Roastbeef *n* roast beef *m*
Rochen *m* razza *f (pesce dei Raiformi)*
Rogen *m* uovo *m* di pesce
Roggen *m* segale *f*, segala *f*
roh crudo
Rohkost *f* verdure *fpl* crude miste
Rohkostplatte *f*, **Rohkostteller** *m* portata *f* di verdure crude miste
Rohr *n s.* Backofen
Rohrzucker *m* zucchero *m* di canna
Rohschinken *m* prosciutto *m* crudo
Rohwurst *f* salsiccia *f* cruda
Rollbraten *m* rolata *f*, rollè *m*
Rolldeckel *m* coperchio *m* scorrevole
Rolle *f* rullo *m*, cilindro *m*
rollen *v* stendere, spianare *(la pasta)*
Rollholz *n* mattarello *m*, matterello *m*
Rollmops *m* aringa *f* arrotolata *(marinata)*
Rollschinken *m* prosciutto *m* arrotolato *(crudo, salato e affumicato)*
Römerbraten *m carne macinata grossolanamente cotta al forno in una pentola di terracotta*
Römertopf *m casseruola di terracotta con coperchio; viene immersa nell'acqua prima di utilizzarla per cotture a fuoco lento*
Rosenkohl *m* cavolino *m* di Bruxelles
Rosine *f s.* Sultanine
Rosmarin *m* rosmarino *m*
rösten *v* 1. arrostire, grigliare *(carne, pesce)*; 2. tostare, torrefare *(caffè)*; 3. tostare, abbrustolire *(pane)*; 4. cuocere al forno
Röstkartoffel *f s.* Bratkartoffel
Rotauge *f s.* Plötze
Rotbarbe *f* triglia *f* di fango *(Mullus barbatus: pesce d'acqua salata)*

Rotbarsch *m* scorfano *m* atlantico *(Sebastes marinus: pesce marino degli Scorpenidi)*
Rotfeder *f* scardola *f (Scardinius erythrophtalmus: pesce d'acqua dolce della famiglia dei Ciprinidi)*
Rotkohl *m* cavolo *m* rosso
Rotzunge *f* limanda *f (pesce d'acqua salata dei Pleuronettidi)*
Roulade *f* involtino *m*, uccellino *m* scappato
Rouladennadel *f*, **Rouladenspieß** *m* spiedino *m* per involtini
Rübchen *n* piccola rapa *f*
Rübe *f* rapa *f*
Rübe *f*/**gelbe** *s.* Möhre
Rübe *f*/**rote** barbabietola *f*
Rübenzucker *m* zucchero *m* di barbabietola
Rucola *f s.* Rauke
Rücken *m* schiena *f*
Rückenspeck *m* 1. *fetta sottile di pancetta (per lardellare)*; 2. *pezzo intero di pancetta*
Rückenstück *n* lombo *m (di lepre e di coniglio)*
Rückverfolgbarkeit *f* rintracciabilità *f (possibilità di risalire alla provenienza della carne o del pollame)*
Rügenwalder *f salsiccia cruda con impasto spalmabile, tritato finemente, con aggiunta di miele e spezie (specialità della Germania del nord, DOP)*
ruhen (lassen) *v* (lasciar) riposare
Ruhetag *m* giorno *m* di riposo
Rührei *n* uovo *m* strapazzato
rühren *v* rimestare, mescolare, girare
Rühren *n* rimestamento *m*, mescolamento *m* • **unter ständigem Rühren** continuando a rimestare, continuando a mescolare
Rum *m* rum *m*
Rumpf *m* tronco *m*, torso *m*
Rumtopf *m* frutta *f* sotto rum
rund rotondo
rupfen *v* spennare, spiumare
rutschen *v* scivolare

S

Säckchen *n* sacchettino *m*
Safran *m* zafferano *m*
Safranpistill *m* pistillo *m* di zafferano
Saft *m* succo *m*
saftig succoso, sugoso, succulento
Saftpresse *f* spremifrutta *m*
Saftrinne *m scanalatura in un tagliere per raccogliere il liquido*
Sägemesser *n* coltello *m* seghettato, coltello *m* a sega
Sago *m* tapioca *f*
Sahne *f s.* Rahm
Sahnetorte *f* torta *f* alla panna
sahnig cremoso
Saibling *m* salmerino *m (pesce d'acqua dolce dei Salmonidi)*
Salamander *m* salamandra *f*
Salat *m* insalata *f*
Salatschleuder *f* centrifuga *f* per insalata
Salatschüssel *f* insalatiera *f*
Salatseiher *m* scolatoio *m* per insalata
Salatsoße *f* salsa *f* per (condire l')insalata *(nella Germania del Nord è quasi sempre dolce)*
Salbei *m* salvia *f*
Salm *m s.* Lachs
Salz *m* sale *m*
salzen *v* salare
Salzkartoffel *f* patata *f* bollita, patata *f* lessa
Salzkruste *f* crosta *f* di sale
Salzlake *f* salamoia *f*
salzlos senza sale
Salzstange *m bastoncino di pasta sfoglia salato, a volte con cumino; bastoncino di pasta di bretzel cosparso di granelli di sale*
Salzstreuer *m* saliera *f*, spargisale *m*
Salzwiesenlamm *n agnello allevato nei pascoli vicini al mare, la cui carne acquista un aroma particolare*
Samen *m* seme *m*, semenza *f*, semente *f*
sämig denso, cremoso
samtig vellutato
Sandkuchen *m* pan *m* di Spagna
Sanduhr *f* clessidra *f*
Sardelle *f s.* Anchovis
Sattel *m* sella *f (vitello, montone)*
sauber pulito
Sauberkeit *f* pulizia *f*
sauer acido • **sauer werden** inacidirsi
Sauerampfer *m* acetosa *f (Rumex acetosa: pianta erbacea delle Poligonacee, detta anche erba brusca)*
Sauerbraten *m* arrosto *m* marinato *(nell'aceto)*
Sauerkirsche *f* visciola *f*, agriotta *f*, amarena *f*

Sauerkraut *n* crauti *mpl*
säuerlich acidulo, asprigno
Sauermilch *f s.* Dickmilch
Sauerteig *m* lievito *m* di pasta acida
Saumagen *m s.* Pfälzer Saumagen
Säure *f* acidità *f*; asprezza *f*
Säuregrad *m* grado *m* d'acidità
Sauteuse *f* tegame *m*
Scampo *m s.* Hummerkrabbe
schaben *v* raschiare; grattugiare
Schaber *m* raschiatoio *m*, raschietto *m*
schädlich dannoso, nocivo
Schaf *f* pecora *f*
Schälchen *n* scodellina *f*, coppetta *f*
Schale *f* 1. scodella *f*, ciotola *f*; 2. buccia *f* *(frutti)*; scorza *f* *(limone, arancia)*; 3. guscio *m* *(uova, mandorle, granchi)*
schälen *v* 1. sbucciare, pelare *(frutti)*; 2. sgusciare *(uova)*; 3. mondare *(cereali)*
Schalentier *n* mollusco *m* conchifero
Schälmaschine *f* macchina *f* sgusciatrice
Schälmesser *n* coltello *m* per pelare
Schalotte *f*, **Schalottenzwiebel** *f* scalogno *m*
Schälrippe *f* *parte di pancetta di maiale con costole, salata e affumicata*
scharf 1. affilato, tagliente *(coltello)*; 2. forte, piccante
schärfen *v* affilare
Schattenmorelle *f s.* Sauerkirsche
schätzen *v* apprezzare
Schaufel *f* pala *f*; paletta *f*
Schaum *m* schiuma *f*, spuma *f*
schäumen *v* fare schiuma, spumeggiare
schaumig schiumoso, spumoso • **schaumig schlagen** montare
Schaumkelle *f* schiumarola *f*
Schaumlöffel *m s.* Schaumkelle
Schaummasse *f* composto *m* *(cremoso o schiumoso)*
Schaumwein *m* spumante *m*
Scheibchen *n* fettina *f*
Scheibe *f* fetta *f* • **in Scheiben schneiden** tagliare a fette, affettare
Scheibe *f*/**dicke** fetta *f* spessa, pezzo *m*
Scheiterhaufen *m* *dessert a base di pane imbevuto nel latte, con uova, uva passa, mandorle, mele, cotto al forno*
Schellfisch *m* eglefino *m* *(Melanogrammus aeglefinus della famiglia dei Gadidi e dell'ordine dei Gadiformi)*
Schellfischfilet *n*/**geräuchertes** eglefino *m* affumicato
Schenkel *m s.* Keule
Schere *f* forbici *fpl*
Schicht *f* strato *m*
schieben *v* spingere, mettere
schieben *v*/**in den Backofen** infornare, mettere in forno
Schiffchen *n* barchetta *f*
Schildkröte *f* tartaruga *f*
Schillerlocke *f* 1. *cannolo ripieno di panna e crema*; 2. *filetto di spinarolo affumicato*
Schimmel *m* muffa *f*
Schimmelkäse *m* formaggio *m* erborinato *(venato di muffa verde)*
schimmeln *v* ammuffire
Schinken *m* prosciutto *m*
Schinkeneisbein *n* zampetto *m* di maiale
Schinkenform *f* stampo *m* per prosciutto
Schinkenmesser *n* coltello *m* da prosciutto
Schinkenplockwurst *f*/**dicke** *salame crudo di Lione*
Schinkenspeck *m* pancetta *f* affumicata magra
Schinkensülze *f* *dadini di prosciutto bianco in gelatina*
Schinkenwurst *f* salsiccia *f* di prosciutto
schlachten *v* macellare
Schlachtplatte *f* *piatto misto di carni e insaccati con patate e crauti*
Schlackwurst *f s.* Zervelatwurst
Schlag *m s.* Stoß
Schlagbesen *m* frusta *f* per montare
schlagen *v* 1. montare; 2. battere, sbattere
schlagen *v*/**flach** appiattire
schlagen *v*/**schaumig** montare
Schlagkessel *m* ciotola *f* per montare, bacinella *f* per montare
Schlagsahne *f* panna *f* montata
Schlegel *m* cosciotto *m*
Schleie *f* tinca *f* *(Tinca tinca: pesce d'acqua dolce dei Cipriniformi)*
schleifen *v s.* schärfen
Schleifmaschine *m* affilatrice *f* *(per utensili)*
schleudern *v* centrifugare *(latte)*
schmackhaft saporito, gustoso
Schmalz *n s.* Schweineschmalz
schmälzen *v* *coprire con strutto salato e bollente, con aggiunta di cipolle tagliate a fettine e fatte dorare nel grasso liquido*
Schmalzfleisch *n* *tipo di carne di maiale tritata, cotta e conservata in vasetti*
Schmand *m*, **Schmant** *m* panna *f* liquida *(regionale)*

schmecken *v* **nach** sapere di, avere sapore di, avere gusto di
schmelzen *v* fondere, sciogliere; fondersi, sciogliersi
Schmelzkäse *m* formaggio *m* fuso
Schmer *m* sugna *f*
Schmorbraten *m* stufato *m*, brasato *m*
schmoren *v* stufare, brasare, cuocere a fuoco lento
schmorfertig *s.* bratfertig
Schmortopf *m* pentola *f* da stufato, pentola *f* da brasato
Schmuck *m* decorazione *f*, ornamento *m*
schmücken *v* decorare, ornare, guarnire
Schnabel *m* becco *m*
Schnaps *m* acquavite *f*
Schnecke *f* lumaca *f*
Schneckengabel *f* forchetta *f* per lumache
Schneckennudel *f pasta dolce, arrotolata a forma di lumaca, con uva sultanina*
Schneckenpfanne *f padella per la cottura delle lumache*
Schneckenzange *f* pinza *f* per lumache
Schnee *m* neve *f*
Schneebesen *m s.* Schlagbesen
Schneide *f* filo *m* (di una lama), lama *f*
Schneidebrett *n* tagliere *m*
Schneidemaschine *f* tagliatrice *f*, taglierina *f*
schneiden *v s.* abschneiden 1.
schneiden *v***/fein** tagliare finemente
schneiden *v***/in Scheiben** *s.* aufschneiden
schneiden *v***/in Streifen** *s.* schnetzeln
Schnellkochtopf *m* pentola *f* a pressione
Schnepfe *f* beccaccia *f*
schnetzeln *v* tagliare a striscioline
Schnitt *m s.* Zuschnitt
Schnitte *f s.* Scheibe
schnittfest che si taglia bene
Schnittlauch *m* erba *f* cipollina
Schnitzel *n* scaloppina *f*; fettina *f*
Schokolade *f* cioccolata *f*, cioccolato *m*
Schokolade(n)..., schokolade(n)haltig di cioccolata, al cioccolato
Schokolade(n)mousse *f* mousse *f* al cioccolato
Schokolade(n)streusel *m* granelli *mpl* di cioccolato
Scholle *f* platessa *f (Pleuronectes platessa)*
Scholle *f* **nach Finkenwerder Art** *platessa impanata e fritta con lardelli (specialità della Germania del nord)*
Schöpfkelle *f* mestolo *m*
Schote *f* baccello *m*
schräg obliquo, trasversale, diagonale; di sbieco, obliquamente
Schrippe *f s.* Brötchen
Schrot *m* granaglie *fpl* macinate grosse
schroten *v* macinare grossolanamente
Schublade *f* cassetto *m*
Schulter *f* spalla *f*
Schupfnudel *f tipo di strangolapreti (specialità della Germania meridionale)*
Schuppe *f* squama *f*, scaglia *f*
Schürze *f* grembiule *m*
Schüssel *f* 1. scodella *f*, ciotola *f*; 2. insalatiera *f (insalata)*; 3. zuppiera *f (minestra)*
schütteln *v* scuotere, scrollare; agitare
Schwamm *m* spugna *f*
Schwanz *m* coda *f*
Schwarte *f* cotenna *f*
Schwartenmagen *m s.* Schweinskopfsülze
Schwarzwälder Speck *m pancetta affumicata conservata in salamoia (specialità della Foresta Nera)*
Schwarzwurzel *f* scorzonera *f*
Schwein *n* maiale *m* • **vom Schwein** di maiale
Schweine... *s.* Schweins...
Schweinebauch *m* pancetta *f* di maiale
Schweinebauch *m***/gefüllter** pancetta *f* di maiale farcita
Schweinefilet *n* filetto *m* di maiale
Schweinefleisch *n* carne *f* di maiale, maiale *m*
Schweinelende *f* lombata *f* di maiale
Schweinerüssel *m* grugno *m* di maiale
Schweineschmalz *n* strutto *m* di maiale
Schweineschulter *f* spalla *f* di maiale
Schweins... di maiale
Schweinsfuß *m* zampetto *m* di maiale
Schweinskopfsülze *f sorta di galantina a base di testina di maiale in gelatina*
Schweinsohr *n pasticcino di pasta sfoglia*
Schweizer Käse *m formaggio m svizzero in generale, ma più spesso s'intendono, come in italiano, l'emmenthal e il gruviera*
schwenken *v* far saltare, scottare *(nel burro, nell'olio)*
schwer pesante
Schwertfisch *m* pesce *m* spada *(Xiphias gladius)*
Schwimmkrabbe *f* granchio *m* d'arena
See *f s.* Meer
See *m* lago *m*

Seeaal *m* 1. anguilla *f* di mare; 2. spinarolo *m* imperiale *(Squalus acanthias: squalo)*
Seebarsch *m* branzino *m*, spigola *f (Dicentrarchus labrax: grosso pesce marino dei Perciformi, carnivoro)*
Seefisch *m s.* Meeresfisch
Seehecht *m* nasello *m (Merluccius merluccius: pesce dei Gadiformi simile al merluzzo)*
Seeigel *m* riccio *m* di mare
Seespinne *f* pantopode *m (Maia squinado)*
Seeteufel *m* rana *f* pescatrice, lofio *m (Lophius piscatorius)*
Seezunge *f* sogliola *f (varie specie della famiglia dei Soleidi)*
Seife *f* sapone *m*
Seifenhalter *m* portasapone *m*
Seiher *m s.* Durchschlag
Sekt *m s.* Schaumwein
Sektkühler *m* secchiello *m* da spumante, secchiello *m* dello spumante
Selbstkostenpreis *m* prezzo *m* di costo
Selchfleisch *n s.* Rauchfleisch
Sellerie *m* sedano *m*
Sellerieknolle *f* sedano *m* rapa
Semmel *f* panino *m*, rosetta *f*
Semmelbrösel *mpl* pangrattato *m*
Semmelknödel *m* canederlo *m*
Senf *m* senape *f*, mostarda *f* • **mit Senf versetzt** con senape; con mostarda
Senfbehälter *m* contenitore *m* per senape
Seniorenteller *m piccola porzione di una pietanza offerta alle persone anziane a costo ridotto*
senken *v* abbassare
servieren *v* servire
Serviette *f* tovagliolo *m*
Sessel *m* poltrona *f*
Setzei *n s.* Spiegelei
Sherry *m* sherry *m*
Sieb *n* setaccio *m*, vaglio *m*
sieben *v s.* durchsieben
sieben *v*/**Mehl** setacciare la farina
Siebgerät *n*/**kleines** setacciatore *m*
Siebkelle *f* schiumarola *f* a rete
Sieblöffel *m* schiumaiola *f*, schiumarola *f*
Siebtuch *n* staccio *m*
sieden *v* bollire, far bollire, cuocere
Sieden *n* ebollizione *f* • **zum Sieden bringen** portare a ebollizione
Siedepunkt *m* punto *m* d'ebollizione
Siedfleisch *n* carne *f* da lesso
Silber *n* argento *m*
Silberzwiebel *f s.* Frühlingszwiebel
Sirup *m* sciroppo *m*
Softeis *n* gelato *m* cremoso
Sol-Ei *n uovo sodo conservato in acqua salata (specialità di Berlino)*
Sommelier *m* sommelier *m*
Sonnenblumenöl *n* olio *m* di semi di girasole
Sorbett *n* sorbetto *m*
Sorgfalt *f* cura *f*
sorgfältig con cura, con attenzione
sortieren *v* mettere in ordine, ordinare
Soße *f* salsa *f*
Soßenkoch *m cuoco addetto alla preparazione delle salse*
Soßenschüssel *f* salsiera *f*
Spachtel *m* spatola *f*
Spalte *f* crepa *f*, fenditura *f*
spalten *v* fendere
Span *m* truciolo *m*
Spanferkel *n* porchetta *f*
Spannrippe *f* costata *f* di manzo
Spargel *m* asparago *m*
Spargelspitze *f* punta *f* d'asparago
Sparschäler *m* pelapatate *m*
Spatel *m* spatola *f*
Spätzle *npl pasta all'uovo fatta in casa, pressata in un'apposita grattugia e cotta nell'acqua bollente (specialità della Svevia)*
Speck *m* lardo *m* • **umwickeln mit Speck** *s.* bardieren
Speck *m*/**durchwachsener** *s.* Bauchspeck
Speckkuchen *m tipo di quiche lorraine o torta salata*
Speckseite *f s.* Rückenspeck
Speckwürfel *m* lardello *m*
Speise *f s.* Gericht
Speisefolge *f s.* Menü
Speisekammer *f s.* Vorratsraum
Speisekarte *f* menu *m*, menù *m*, lista *f* (delle vivande)
Speisesaal *m* sala *f* da pranzo
Spekulatius *m tipo di biscotto secco di varie forme tipico del periodo natalizio*
Spezialität *f* specialità *f*
spicken *v* lardellare, picchettare *(introdurre dei lardelli nella carne con l'apposito lardatoio)*
Spicknadel *f* lardatoio *m*, ago *m* per lardare *(usato per picchettare la carne)*
Spiegelei *n* uovo *m* all'occhio di bue, uovo *m* al tegamino

Spieß *m* spiedo *m*
Spießchen *n* spiedino *m*
Spinat *m* spinaci *mpl*
Spinatauflauf *m*, **Spinatpudding** *m* sformato *m* di spinaci, soufflè *m* di spinaci *(servito con una salsa bianca)*
Spitze *f* punta *f*
sprenkeln *v* macchiettare, picchiettare
Springform *f* tortiera *f* con fondo mobile
Spritzbeutel *m* tasca *f* per dolci
spritzen *v* schizzare, spruzzare
Spritztüte *f s.* Spritzbeutel
Sprosse *f* germoglio *m*
Sprotte *f* spratto *m (Sprattus sprattus)*
sprudelig gassato, gasato, frizzante
Sprudel *m*, **Sprudelwasser** *n* acqua *f* minerale frizzante
Spülbecken *n s.* Ausguss 1.
spülen *v* 1. sciacquare; 2. lavare
spülen *v*/**Geschirr** lavare i piatti
Spülen *n* 1. risciacquatura *f*; 2. lavaggio *m*
Spüllappen *m* straccio *m* per i piatti
Stäbchen *n* bastoncino *m*
Stachelbeere *f* uva *f* spina
Stammgericht *n* piatto *m* abituale
Stammtisch *m* tavolo *m* riservato a clienti abituali
Stampfer *m s.* Stößel
Stängchen *n s.* Stäbchen
Stangenbrot *n* filone *m*, bastone *m (pane)*
Stangensellerie *m s.* Staudensellerie
Stapel *m* mucchio *m (di biancheria)*; pila *f (di piatti)*
stapeln *v* ammucchiare, impilare
Stärke *f* amido *m*, fecola *f*
Staubzucker *m s.* Puderzucker
Staudensellerie *m* sedano *m*
stechen *v* infilzare
Steckrübe *f* rapa *f*
Stein *m* nocciolo *m*
Steinbutt *m* rombo *m* chiodato *(Psetta maximus: pesce d'acqua salata)*
Steinbutt *m*/**kleiner** piccolo rombo *m*
Steingarnele *f s.* Königskrabbe
Steinobst *n* frutta *f* con nocciolo
Steinpilz *m* fungo *m* porcino, porcino *m*
stellen *v*/**kalt** mettere in fresco
Sternanis *m* anice *m* stellato *(Illicium verum)*
Sterntülle *f* bocchetta *f* (decorativa) a stella *(da inserire nella tasca per dolci)*
Steuer *f* imposta *f*, tassa *f*
Stiel *m* 1. picciolo *m*, peduncolo *m (frutta)*; 2. manico *m*; 3. bastoncino *m (ghiacciolo)*
Stieltopf *m* casseruola *f*
Stint *m* sperlano *m*, eperlano *m (Osmerus eperlanus: pesce marino di piccole dimensioni)*
Stockfisch *m* stoccafisso *m*, baccalà *m*
Stopfleber *f* foie *m* gras, fegato *m* d'oca, fegato *m* d'anatra *(fatto ingrossare)*
Stopfleberpastete *f* pâté *m* di fegato, pâté *m* de foie gras *(oca, anatra)*
Stopptaste *f* pulsante *m* d'arresto
Stör *m* storione *m (Acipenser sturio)*
Stoß *m* colpo *m*
Stößel *m* pestello *m*
Strauß *m* mazzo *m (di fiori)*; struzzo *m*
Straußwirtschaft *f s.* Besenwirtschaft
streichen *v* spalmare *(burro, marmellata, ecc.)*
streichfähig spalmabile
Streichholz *n* fiammifero *m*
Streifen *m* 1. striscia *f*; 2. linea *f* • **in Streifen schneiden** tagliare a striscioline
Streudose *f* 1. spargisale *m*, saliera *f*; 2. spargipepe *m*, pepiera *f*; 3. spargizucchero *m (in generale un contenitore dal coperchio bucherellato)*
streuen *v* cospargere, spargere
Streuer *m s.* Streudose
Strohhalm *n* cannuccia *f*
Strudel *m* strudel *m (dolce tipicamente tirolese con ripieno di mele, uvetta e pangrattato, particolarmente diffuso in Austria, nella Germania meridionale e nelle valli trentine. Ne esistono molte varianti, anche salate)*
Strunk *m* torsolo *m*
Stubenküken *n* galletto *m* amburghese
Stück *n* pezzo *m*
Stuhl *m* sedia *f*
Sturzcreme *f s.* Pudding
stürzen *v s.* nehmen/aus der Form
Sud *m* guazzetto *m* • **im Sud gekocht** cotto in guazzetto, cotto in umido *(in un sugo abbondante)*
Sultanine *f* uva *f* sultanina
Sülze *f s.* Aspik
Suppe *f* zuppa *f*, minestra *f*
Suppenfleisch *n* carne *f* da brodo, bollito *m*
Suppenlöffel *m* cucchiaio *m* da minestra
Suppenschüssel *f* zuppiera *f*
Suppenteller *m* piatto *m* fondo
Surhachse *f*, **Surhaxe** *f s.* Eisbein
süß dolce
Süßbrot *n* pane *m* viennese

Süßigkeit *f* dolciume *m*, caramella *f*
Süßkartoffel *f* patata *f* dolce
süßsauer agrodolce, dolceamaro
Süßspeise *f* dolce *m*
Süßstoff *m* dolcificante *m*, edulcorante *m*
Süßstofftablette *f* compressa *f* dolcificante, compressa *f* edulcorante
Süßwasserfisch *m* pesce *m* d'acqua dolce

T

Tablett *n* vassoio *m*
Tablettwagen *m* carrello *m* portavassoi
Tafelglas *n* vetro *m* in lastre
Tafelspitz *m* 1. lombata *f* di manzo o di vitello; 2. *bollito di manzo con anelli di cipolla e alloro, servito con una salsa bianca al barbaforte (specialità austriaca)*
Tagesgericht *n* piatto *m* del giorno
Talg *m* sego *m*
Täubchen *n* piccioncino *f*, colombina *f*
Taube *f* piccione *m*, colomba *f*
T-Bone-Steak *n* costata *f*
Tee *m* 1. the *m*, tè *m*; 2. tisana *f*
Teelöffel *m* cucchiaino *m (l'abbreviazione „TL" indica nelle ricette una quantità)*
Teewurst *f salsiccia cruda con impasto spalmabile, macinato finemente e insaporito da spezie, del tipo „Rügenwalder"*
Teig *m* pasta *f*
Teig *m*/**ausgerollter** sfoglia *f*
Teigausstecher *m s.* Ausstecherform
Teighülle *f*/**gefüllte** timballo *m*
Teigmantel/im in crosta *(in un involucro di pasta)*
Teigwaren *fpl* pasta *f* alimentare
Teil *m* parte *f*
teilen *v* dividere
Teller *m* piatto *m*
Teller *m*/**flacher** piatto *m* piano
Teller *m*/**tiefer** *s.* Suppenteller
Tellergericht *n* piatto *m* unico
Tellersülze *f piatto di carne e verdura in gelatina*
Tellerwärmer *m* scaldapiatti *m*
Temperatur *f* temperatura *f*
Temperatursensor *m* sensore *m* di temperatura
temperiert a temperatura ambiente *(vino)*
Terrine *f* terrina *f*
teuer caro, costoso
Thermometer *n* termometro *m*
Thermoskanne *f* thermos *m*
Thunfisch *m* tonno *m*
Thüringer Rotwurst *f sanguinaccio a volte affumicato, aromatizzato con maggiorana e chiodi di garofano, con pezzi di prosciutto e/o di lingua (specialità della Turingia, DOP)*
Thymian *m* timo *m*
tiefgefrieren *v* surgelare
Tiefkühltruhe *f* congelatore *m*
Tiegel *m s.* Kasserolle
Tier *n* animale *m*
tierisch di animali, animale
Tierpass *m* documento *m* identificativo del bovino, passaporto *m* del bovino
Tinte *f* inchiostro *m*
Tintenfisch *m* 1. seppia *f*; 2. polpo *m*
Tisch *m* tavolo *m* • **einen Tisch bestellen** riservare un tavolo • **den Tisch decken** apparecchiare la tavola
Tischdecke *f* tovaglia *f*
Tischwein *m* vino *m* da tavola
Toastbrot *n* pane m in cassetta, pan *m* carré
toasten *v* tostare
Toaster *m* tostapane *m*
Tomate *f* pomodoro *m*
Tomatenmark *n* concentrato *m* di pomodoro
Tomatensoße *f* salsa *f* di pomodoro
Topf *m* pentola *f*, casseruola *f*
Törtchen *n s.* Tortelett
Torte *f* torta *f*
Tortelett *n* tarteletta *f*
Tortenbiskuit *n dolce morbido tipo pan di Spagna*
Tortenheber *m* paletta *f* per dolci
Tortenteiler *m* tortiera *f* dividifette
Totentrompete *f* trombetta *f* dei morti, corno *m* dell'abbondanza *(Craterellus cornucopioides: fungo commestibile di colore scuro a forma di tromba o di corno)*
tourieren *v* girare, avvolgere
Tranchierbrett *n* tagliere *m*
tranchieren *v* trinciare *(carne)*
Tranchiergabel *f* forchettone *m* a due punte
Tranchiermesser *n* trinciante *m (coltello)*
tränken *v*/**mit etw.** impregnare di qc
Traube *f* grappolo *m* d'uva
Traubenkernöl *n* olio *m* di vinaccioli

treiben *v s.* aufgehen
trennen *v* separare
Trennung *f* separazione *f*
Trester *m* vinaccia *f*
Trichter *m* 1. imbuto *m*; 2. tramoggia *f*
Trinkalkohol *m* acquavite *f*
trinken *v* bere
Trinkgeld *n* mancia *f*
Trinkhalm *m* cannuccia *f*
trocken asciutto, secco *(vino, spumante)*
Trockenerbse *f* pisello *m* secco
Trockenerbse *f***/kleine halbe** pisello *m* secco spezzato
Trockenfrüchte *fpl*, **Trockenobst** *n* frutta *f* secca
Trockenschrank *m* armadio *m* essiccatore
trocknen *v* asciugare, seccare
Trockner *m* essiccatoio *m*
Tropfen *m* goccia *f*, goccio *m*
tropfen *v* gocciolare, colare
Trüffel *m* tartufo *m*
Truthahn *m* tacchino *m*
Truthahn *m***/junger** piccolo tacchino *m*, tacchinotto *m*
Truthenne *f* tacchina *f*
Tuch *n* 1. stoffa *f*; 2. panno *m*
Tülle *f* becco *m*, beccuccio *m (caffettiera, teiera)*
tüpfeln *v s.* sprenkeln

U

überbacken *v s.* gratinieren
Übergießen *n* rivestimento *m*, copertura *f*
übergießen *v***/mit etw.** versare qc (su qc); cospargere di qc
überkrusten *v s.* gratinieren
Überraschung *f* sorpresa *f*
überstreuen *v***/mit etw.** *s.* bestreuen/mit etw
überziehen *v***/mit Chaufroid-Soße** ricoprire con salsa chaud froid
überziehen *v***/mit etw.** ricoprire di qc, ricoprire con qc
umdrehen *v* (ri)voltare, girare dall'altra parte
Umfang *m* quantità *f*; estensione *f*, mole *f*
umhüllen *v* avvolgere
umkippen *v* 1. rovesciare; 2. inacidirsi *(vino)*
Umluftthitze *f* calore *m* ricircolato
ummanteln *v***/mit etw.** *s.* überziehen/mit etw
umrahmen *v*, **umranden** *v* incorniciare, contornare
umrühren *v s.* rühren
Umsatz *m* giro *m* d'affari, volume *m* d'affari
umwickeln *v***/mit Bindfaden** avvolgere con spago
umwickeln *v***/mit Speck(scheiben)** *s.* bardieren
unerlässlich indispensabile, essenziale
ungespritzt non trattato *(frutta, agrumi)*
Untersatz *m* supporto *m*, base *f*; sottopentola *f*
Untertasse *f* piattino *m*, sottocoppa *m*
unterziehen *v s.* beimengen
unverdaulich indigesto
unverdünnt non diluito
unzerbrechlich infrangibile

V

Vanillecreme *f***(/leichte)** crema *f* alla vaniglia
Vanilleschote *f* baccello *m* di vaniglia
Vanillestange *f* bastoncino *m* di vaniglia
Vanillezucker *m* zucchero *m* vanigliato
variieren *v* variare
Vegetarier *m* vegetariano
vegetarisch vegetariano
Veilchenblüte *f* violetta *f*, viola *f* mammola *(fiore)*
Venusmuschel *f* 1. vongola *f*; 2. tartufo *m* di mare *(Venus verrucosa: mollusco dei Veneridi molto comune nel Mediterraneo)*
Veranstaltung *f* evento *m*, festa *f (in un ristorante)*
verarbeiten *v* lavorare, trasformare
verarbeitet/in Italien lavorato in Italia
Verbrauch *m s.* Verzehr
verbrauchen *v s.* verzehren
Verbrennung *f* bruciatura *f*
verdampfen *v s.* verdunsten
verdauen *v* digerire
verdaulich digeribile • **schwer verdaulich** indigesto
Verdauung *f* digestione *f*
Verdauungsbeschwerden *fpl* disturbi *mpl* digestivi

verderblich deperibile
verdünnen *v* diluire, allungare
verdunsten *v* (far) evaporare
Verdunstung *f* evaporazione *f*
veredeln *v* nobilitare, affinare, rendere più delicato, ingentilire
Veredelung *f* nobilitazione *f*, affinamento *m*
vereist gelato, ghiacciato
Verfalldatum *n* data *f* di scadenza
verfaulen *v* marcire, andare a male
verfeinern *v s.* veredeln
Verfeinerung *f s.* Veredelung
Vergleich *m* confronto *m*, paragone *m*
vergleichen *v* confrontare, paragonare
verkohlen *v* carbonizzare; carbonizzarsi
verkosten *v s.* kosten
verlängern *v* 1. prolungare *(durata)*; 2. allungare *(tavolo)*
Verlängerung *f* 1. prolungamento *m* *(durata)*; 2. allungamento *(tavolo)*
Verlängerungskabel *n* prolunga *f*, cavo *m* di prolunga *f*
verlesen *v* 1. *s.* sortieren; 2. sfogliare *(insalata)*
verlieren *v* perdere
Verlust *m* perdita *f*
vermengen *v s.* mischen
vermindern *v* diminuire
verpacken *v* 1. imballare; 2. confezionare
Verpackung *f* 1. imballo *m*; 2. confezione *f*
verquirlen *v s.* schlagen
verrühren *v* mescolare
verschieden diverso, differente
verschütten *v* versare *(per sbaglio)*; rovesciare
versetzt/mit Honig con aggiunta di miele
versetzt/mit Senf con aggiunta di senape
verspritzen *v s.* spritzen
verteilen *v* suddividere, distribuire
verunreinigen *v s.* beschmutzen
verwenden *v* usare, utilizzare
Verwendung *f* uso *m*, utilizzo *m*
Verzehr *m* consumo *m*
verzehren *v* consumare
verzieren *v* guarnire, decorare, ornare
verzieren ***v*/mit Rillen** guarnire con scanalature, scanalare
Verzierung *f* decorazione *f*, ornamento *m*
verzinkt zincato
Viertel *n* quarto *m*, quartino *m* *(di vino)*
Vogel *m* uccello *m*
voll saugen ***v*/sich mit etw.** impregnarsi completamente
Vollkornbrot *n* pane *m* integrale
Vollkornmehl *n* farina *f* integrale
Vollmilch *f* latte *m* intero
Volumen *n* volume *m*
vorbereiten *v* preparare
Vorbereitung *f* preparazione *f*
vorgebacken, vorgekocht precotto
vorheizen *v* (pre)riscaldare
Vorlegebesteck *n* posate *fpl* da portata
vorlegen *v* servire (sul piatto di portata)
Vorratsraum *m* dispensa *f*
vorschreiben *v* prescrivere, fissare
Vorschrift *f* prescrizione *f*, disposizione *f*, norma *f*
Vorspeise *f* antipasto *m*
Vorspeise ***f*/gemischte** antipasto *m* misto
vorzüglich *s.* köstlich

W

Waage *f* bilancia *f*
Wacholder *m* ginepro *m*; acquavite *f* di ginepro
Wacholderbeere *f* bacca *f* di ginepro
Wacholdergeist *m s.* Wacholder
Wacholderperle *f s.* Wacholderbeere
Wachsbohne *f* fagiolino *m*
Wachtel *f* quaglia *f*
Waffel *f* gaufre *f*, cialda *f*
Wäffelchen *n* wafer *m*
Waffeleisen *n* cialdiera *f*, piastra *f* per cialde
Wagen *m* carrello *m*
Wahl *f s.* Auswahl • **nach Wahl** a scelta
wählen *v s.* auswählen
Walderdbeere *f* fragola *f* di bosco
Waller *m s.* Wels
Walnuss *f* noce *f*
Walnusshälfte *f s.* Walnusskern
Walnusskern *m* gheriglio *m*
Walze *f s.* Rolle
Wamme *f s.* Bauch
Wandschrank *m* armadio *m* a muro
Wange *f* guancia *f*, gota *f*
warm caldo
Wärme *f* calore *m*, tepore *m*
Wärmeschrank *m* armadio *m* riscaldato
Wärmewagen *m* carrello *m* riscaldato
Warmhaltekanne *f s.* Thermoskanne
Warmhalteplatte *f* scaldavivande *m*

Wärmtisch *m* tavolo *m* armadiato riscaldato
warten *v* aspettare, attendere
Wartezeit *f* periodo *m* d'attesa, attesa *f*
waschen *v* lavare
Wasser *n* acqua *f*
Wasserbad *n* bagnomaria *m* • **im Wasserbad erhitzt** riscaldato a bagnomaria
Wasserbadkasserolle *f* bagnomaria *m* *(recipiente)*
Wasserhahn *m* rubinetto *m*
Wassermelone *f* anguria *f*, cocomero *m*
wässern *v s.* einweichen
Wässern *n* ammollo *m*
Wecken *m s.* Brötchen
wegnehmen *v s.* entfernen
wegwerfen *v* gettare via, buttare via
weich morbido, molle, soffice, tenero
• **weich gekocht** alla coque *(uovo)*
• **weich werden** 1. ammorbidirsi *(in generale)*; 2. diventare tenero *(carne)*
Weichkäse *m* formaggio *m* morbido, formaggio *m* molle
Weihnachtsstollen *m s.* Dresdner Stollen
Wein *m* vino *m*
Weinberg *m* vigna *f*, vigneto *m*
Weinbergpfirsich *m* pesca *f* di vigna *(così chiamata perché un tempo gli alberi erano sparsi tra i filari)*
Weinblatt *n* foglia *f* di vite
Weinessig *m* aceto *m* di vino
Weinhefe *f* fermento *(nel processo di vinificazione)*
Weinkellner *m s.* Sommelier
Weinprobe *f* assaggio *m* del vino, degustazione *f* del vino
Weinstock *m* vite *f*
Weintraube *f* grappolo *m* d'uva
weiß bianco
Weißblech *n* lamiera *f* stagnata
Weißkohl *m* cavolo *m* bianco
Weißwurst *f* salsiccia *f* bianca
Weizen *m* frumento *m*, grano *m*
Weizenschrot *m* frumento *m* macinato grosso, grano *m* macinato grosso
Wellfleisch *n pancetta di maiale bollita subito dopo la macellazione*
Wels *m* siluro *m* d'Europa *(Silurus glanis: pesce d'acqua dolce dei Siluridi)*
wenden *v s.* umdrehen
Wetzstahl *m* acciaino *m*, acciaiolo *m*
widerstandsfähig resistente
wieder verwerten *v* riutilizzare, recuperare, riciclare
Wiegemesser *n* mezzaluna *f*
wiegen *v* pesare
Wiegen *n* pesatura *f*
Wiener Würstchen *n piccola salsiccia di carne suina e bovina tritata finemente e leggermente affumicata*
Wild *n*, **Wildbret** *n* selvaggina *f*
Wildente *f* anatra *f* selvatica
Wildkaninchen *n* coniglio *m* selvatico
Wildkaninchen *n*/**junges** coniglietto *m* selvatico
Wildkeule *f* cosciotto *m* di selvaggina
Wildpfeffer *m*, **Wildragout** *n* stufato *m* di selvaggina
Wildschwein *m* cinghiale *m*
Windbeutel *m*(/**gefüllter)** bignè *m* alla crema
Winterendivie *f* insalata *f* riccia
Winzer *m* viticoltore *m*
Wirsing *m* cavolo *m* verza, verza *f (Brassica oleracea sabauda)*
Wittling *f* merlango *m (Gadus merlangus: pesce dei Gadiformi)*
Wochenmarkt *m* mercato *m* settimanale
wohlriechend *s.* aromatisch
wolfen *v* tritare
Wolfsbarsch *m s.* Seebarsch
Wollwurst *f salsiccia bianca senza pelle*
wünschen *v* desiderare
Würfel *m* dado *m*, dadino *m*, cubo *m*, cubetto *m*; zolletta *f (zucchero)*
Würfelzucker *m* zucchero *m* in zollette
Wurst *f* salsiccia *f*, würstel *m*
Wurst *f*/**größere** salame *m*, salsicciotto *m*
Würstchen *n* piccola salsiccia *f*
Wurstfüllung *f*, **Wurstmasse** *f* carne *f* di salsiccia, pasta *f* di würstel
Wurstsalat *m* insalata *f* di würstel
Wurstwaren *fpl* insaccati *mpl*
Würze *f s.* Gewürz
würzen *v s.* abschmecken 2.
Würzen *n* condimento *m (in generale)*
würziger machen *v* insaporire

Z

zäh duro; denso
zählen *v* contare
Zahnstocher *m* stuzzicadenti *m*
Zander *m* luc(c)ioperca *m (pesce predatore d'acqua dolce dell'ordine dei Perciformi)*

Zange *f* tenaglia *f*, tenaglie *fpl*
zappeln *v* dibattersi
zart tenero • **zart werden** *s.* weich werden
Zeitschaltuhr *f* contaminuti *m*
Zeituhr *f s.* Küchenwecker
zerbrechen *v* rompere, spezzare
zerbrechlich fragile
zerbröseln *v s.* krümeln
zerdrücken *v* schiacciare, pressare
zerkleinern *v s.* hacken
zerlassen *v s.* schmelzen
zerlegen *v* tagliare a pezzi *(la carne)*
zermahlen *v* macinare, triturare
zerreißen *v* strappare, lacerare
zerschneiden *v s.* aufschneiden
zerstoßen *v* pestare, schiacciare
Zervelatwurst *f* cervellata *f*
Zicklein *n* caprettino *m*
Ziege *f* capra *f*
Ziegenkäse *m* formaggio *m* di capra, caprino
Ziegenkitz *n s.* Zicklein
ziehen (lassen) *v* lasciare in infusione
Ziemer *m* lombo *m (Reh, Hirsch)*
Zigeunerbraten *m arrosto di manzo in una salsa con chili, cipolle e pomodori*
Zigeunerschnitzel *n scaloppina di vitello o di maiale in una salsa con chili, cipolle e pomodori*
Zimt *m* cannella *f*
Zimtblüte *f* fiore *m* di cannella
ziselieren *v* cesellare
Ziseliermesser *n* coltello *m* per cesellare
Zitronat *n* scorza *f* di limone candita
Zitrone *f* limone *m*
Zitronenkraut *n s.* Zitronenmelisse
Zitronenmelisse *f* citronella *f*, limoncina *f (pianta da essenza delle Graminacee)*
Zitronenpresse *f* spremilimoni *m*
Zitronenschaber *m* pelagrumi *m*
Zitronenschale *f* scorza *f* del limone
Zitrusfrucht *f* agrume *m*
Zitze *f* capezzolo *m (per esempio di scrofa)*
Zopf *m* treccia *f*
zubereiten *v* preparare
zubereitet/mit Petersilie accompagnato da prezzemolo tritato
Zubereitung *f* preparazione *f*
Zucchini *m*, **Zucchino** *m* zucchina *f*, zucchino *m*
züchten *v* allevare
Zucht *f s.* Züchtung
Zucht... da allevamento
Züchtung *f* allevamento *m*
Zucker *m* zucchero *m*
Zuckerguss *m* glassa *f*
zuckern *v* zuccherare
Zuckerschote *f* fagiolo *m* mangiatutto; pisello *m* mangiatutto, taccola *f (varietà di fagioli e di piselli dal baccello commestibile)*
zudecken *v s.* abdecken 2.
zunähen *v s.* bridieren
zunähen *v***/Geflügel** *s.* bridieren
Zunge *f* lingua *f*
Zungensülze *f s.* Schweinskopfsülze
Zungenwurst *f sanguinaccio, a volte affumicato, contenente pezzi di prosciutto e/o di lingua*
Züricher Geschnetzeltes *n piatto con striscioline di carne di vitello accompagnate da una salsa (specialità di Zurigo)*
zusammendrücken *v* schiacciare, pressare; comprimere
zusammengestellt abbinato; assortito
zusammenrollen *v* avvolgere, arrotolare
zusammensetzen *v s.* zusammenstellen
Zusammensetzung *f* composizione *f*
zusammenstellen *v* 1. accostare; 2. comporre, combinare; 3. assortire
Zusammenstellung *f* 1. accostamento *m*; 2. composizione *f*, combinazione *f*; 3. assortimento *m*
zusätzlich aggiuntivo, supplementare
Zusatz(stoff) *m* additivo *m*
zuschneiden *v* tagliare
Zuschnitt *m* taglio *m*
zusetzen *v s.* dazugeben
Zutaten *fpl* ingredienti *mpl*
Zweig *m* ramo *m*
Zwergdorsch *m* gado *m* barbato
Zwetschge *f* susina *f*, prugna *f*
Zwieback *m* fetta *f* biscottata
Zwiebel *f* cipolla *f*
Zwiebelkuchen *m* sformato *m* di cipolle
Zwiebelmus *n* purea *f* di cipolle
Zwiebelsuppe *f* zuppa *f* di cipolle
Zwiebelwurst *f salsiccia cruda, con impasto spalmabile tritato grossolanamente, insaporito con cipolle*
Zwischenraum *m* spazio *m* intermedio

Anhänge

Inhalte

1. Original-Speisekarten aus Italien und Deutschland mit ihren Übersetzungen

Die nachstehenden Auszüge aus Speisekarten aus Deutschland und Italien zeigen die große, manchmal recht phantasiereiche Vielfalt der Bezeichnungen von Gerichten.

Der Ausschnitt aus einer der deutschen Karten verdeutlicht auch, wie der Küchenchef eines Speiserestaurants in abgelegener Lage auf dem Lande, wo besonders im Winter kein täglicher Einkauf in einem „Frische-Markt" möglich ist, oft zwangsläufig mit Produkten arbeiten muss, die die gesetzlich zugelassenen Zusatzstoffe enthalten – deren ordnungsgemäße Angabe auf der Karte jedoch leider von den meisten Restaurateuren, die unter ähnlichen Bedingungen arbeiten, unterschlagen wird ...

Mit freundlicher Genehmigung von

Ristorante Pizzeria „Le Giare“
via Parco 7, 38036 Pozza di Fassa (TN)

Original

Antipasti

Tagliere di speck nostrano e sottaceti	€ 7,50
Carpaccio di carne salada trentina con olio del Garda e grana trentino	€ 8,00
Antipasto Ladino (Speck di Moena, Bresaola di Vigo e formaggio Campitello-Val di Fassa)	€ 8,00
Salmone affumicato con crostini e burro	€ 9,00
Selezione di formaggi tipici trentini con mostarda di frutta	€ 7,50

Primi piatti

Fettuccine fatte in casa ai funghi	€ 8,00
Pappardelle all’uovo con ragù di cervo	€ 7,00
Canederli ai funghi con burro fuso, grana trentino e funghi	€ 7,00
Strangolapreti alla trentina con burro fuso e grana Trentino	€ 6,50
Canederli di formaggio con salsa al gorgonzola e Nosiola Trentino D.O.C.	€ 7,00
Ciaroncìe (Ravioli ripieni di spinaci e patate con burro fuso e scaglie di grana Trentino)	€ 7,00
Ravioli allo speck trentino e noci con salsa al radicchio e mascarpone	€ 7,50
Zuppa d’orzo alla trentina	€ 7,00
Lasagne al forno	€ 6,00

Alla piastra

Costolette d’agnello alla piastra con polenta e funghi	€ 14,00
Entrecôte di manzo alla Maître d’Hotel ca. 220 gr.	€ 13,00
Tagliata di puledro ai ferri ca. 220 gr.	€ 13,00
Costata di manzo alla griglia (Minimo 500 gr.)	€ 2,60 / 100 gr.
Fiorentina alla griglia (Minimo 500 gr.)	€ 2,60 / 100 gr.
Filetto di manzo ai ferri ca. 220 gr.	€ 13,50
Filetto di manzo ai funghi porcini tartufati	€ 16,00
Braciola di maiale ai ferri	€ 7,50

Alla piastra per 2 persone

Tagliata di manzo all’aceto balsamico	€ 25,00
Tagliata di manzo con rucola, scaglie di grana trentino e olio d’oliva del Garda	€ 25,00
Tagliata di puledro all’aceto balsamico	€ 25,00
Tagliata di puledro con rucola, scaglie di grana trentino e olio d’oliva del Garda	€ 25,00

Secondi piatti

Cotoletta di maiale alla milanese	€ 7,00
Polenta e funghi	€ 9,00
Bocconcini di capriolo in salsa al Teroldego Rotaliano con polenta e funghi	€ 14,00
Polenta, salsiccia Val di Fassa e funghi	€ 11,50
Polenta, formaggio alla piastra e funghi	€ 11,50

Contorni

Insalata verde	€ 3,10
Funghi misti	€ 5,70
Insalata mista	€ 3,10
Patatine fritte	€ 2,50
Spinaci al burro	€ 2,60
Crocchette di patate	€ 2,50
Verdure miste alla griglia	€ 7,00

Dessert

Sorbetto al limone	€ 2,60
Strudel di mele trentine con salsa alla vaniglia	€ 2,60
Macedonia di frutta fresca	€ 3,90
Macedonia di frutta fresca con gelato	€ 4,50
Tiramisù della casa	€ 2,60
Yogurt con frutti di bosco	€ 4,20
**Panna cotta con frutti di bosco	€ 3,70
Panna cotta con cioccolato fuso	€ 3,40
Fragole porzione piccola	€ 3,40
Fragole porzione grande	€ 4,50
Fragole porzione piccola con gelato	€ 4,50

** I frutti di bosco sono prodotti dal consorzio trentino S. Orsola

Pane e coperto € 1,00

In base alla stagionalità e/o alla reperibilità, alcuni componenti dei piatti del presente listino potranno essere all'origine di tipo surgelato

Mit freundlicher Genehmigung von

Ristorante Pizzeria „Le Giare“
via Parco 7, 38036 Pozza di Fassa (TN)

Übersetzung

Vorspeisen

Schinkenspeckteller mit Essig-Gemüse	€ 7,50
Typische Rohe Rinderlende mit gehobeltem parmesanähnlichem Käse aus dem Trentino und Olivenöl	€ 8,00
Ladinische Vorspeise (Schinkenspeck aus Moena, Bresaola aus Vigo und heimischer Käse)	€ 8,00
Räucherlachs auf Toastbrot und Butter	€ 9,00
Typische Gemischte Käseplatte mit pikant eingelegten Senffrüchten	€ 7,50

Erster Gang

Hausgemachte Bandnudeln mit Pilzen	€ 8,00
Breite Bandnudeln mit Wildsauce	€ 7,00
Pilzknödel mit zerlassener Butter, parmesanähnlichem Käse aus dem Trentino und Pilzen	€ 7,00
Trentiner Spinatnocken mit zerlassener Butter und parmesanähnlichem Käse aus dem Trentino	€ 6,50
Käseknödel mit Gorgonzola- und Nosiola-Wein-Soße	€ 7,00
Schlutzkrapfen (gefüllt mit Spinat und Kartoffeln mit zerlassener Butter und gehobeltem parmesanähnlichem Käse aus dem Trentino)	€ 7,00
Mit Nüssen und Schinkenspeck gefüllte Ravioli, verfeinert mit Radicchio-Mascarpone-Soße	€ 7,50
Trentiner Gerstensuppe	€ 7,00
Lasagne	€ 6,00

Vom Grill

Lammkoteletts vom Grill mit Polenta und Pilzen	€ 14,00
Entrecôte mit Kräuterbutter ca. 220 gr.	€ 13,00
Gegrillte Scheibe Fohlenlende ca. 220 gr.	€ 13,00
Gegrilltes Rumpsteak (Min. 500 gr.)	€ 2,60 / 100 gr.
Gegrilltes T-Bone-Steak (Min. 500 gr.)	€ 3,10 / 100 gr.
Rinderfilet vom Grill ca. 220 gr.	€ 13,50
Rinderfilet mit getrüffelten Steinpilzen	€ 16,00
Schweinekotelett vom Grill	€ 7,50

Vom Grill für 2 Personen

Scheibe Rinderlende mit Balsamessig	€ 25,00
Scheibe Rinderlende mit Rucola, gehobeltem parmesanähnlichem Käse aus dem Trentino und Olivenöl vom Gardasee	€ 25,00
Scheibe Fohlenlende mit Balsamessig	€ 25,00
Scheibe Fohlenlende mit Rucola, gehobeltem parmesanähnlichem Käse aus dem Trentino und Olivenöl vom Gardasee	€ 25,00

Zweiter Gang

Paniertes Schweineschnitzel nach Mailänder Art	€ 7,00
Polenta mit Pilzen	€ 9,00
Rehgulasch mit Teroldego-Wein-Soße, Polenta und Pilzen	€ 14,00
Polenta mit Bratwurst aus dem Fassa-Tal und Pilzen	€ 11,50
Polenta mit gegrilltem Käse und Pilzen	€ 11,50

Beilagen

Grüner Salat	€ 3,10
Mischpilze	€ 5,70
Gemischter Salat	€ 3,10
Pommes frites	€ 2,50
Blattspinat mit Butter	€ 2,60
Kartoffelkroketten	€ 2,50
Gemüseplatte (gebraten und gegrillt)	€ 7,00

Nachtisch

Zitronen-Sorbet	€ 2,60
Apfelstrudel mit Trentiner Äpfeln und Vanillesoße	€ 2,60
Frischer Obstsalat	€ 3,90
Frischer Obstsalat mit Eis	€ 4,50
Tiramisu des Hauses	€ 2,60
Yogurt mit Waldbeeren	€ 4,20
Panna cotta mit Waldbeeren	€ 3,70
Panna cotta mit Schokoladensoße	€ 3,40
Kleine Portion Erdbeeren	€ 3,40
Große Portion Erdbeeren	€ 4,50
Kleine Portion Erdbeeren mit Eis	€ 4,50

** Die Waldbeeren stammen aus dem Trentiner Verband S. Orsola

Brot und Gedeck € 1,00

Je nach Saison und/oder Verfügbarkeit können einzelne Zutaten dieser Speisekarte aufgetaut worden sein.

Mit freundlicher Genehmigung von

Gasthaus zum Fischerwirt
Fam. Stöckel, D 82488 Ettal-Graswang

Original

Wild aus den Ammergauer Alpen

Feines Hirschgulasch, Spätzle, Preiselbeeren	€ 10,90
Hirschbraten mit Wildrahmsauce, Knödel, Blaukraut	€ 12,50
Medaillons vom Hirsch, Spätzle, Broccoli, Preiselbeeren	€ 15,40
Feines Rehragout, Spätzle, Preiselbeeren	€ 12,50
Rehbraten mit Wildrahmsauce, Kroketten, Blaukraut	€ 14,90
Crepinette vom Reh, Kroketten, Broccoli, Preiselbeeren	€ 15,70

Für Liebhaber:

Gamsragout, Knödel, Speckbohnen	€ 12,50
Gamsbraten, Knödel, Speckbohnen	€ 14,90

Bayerische Schmankerl

Port. Leberkäse(4, 7) mit Spiegelei, Kartoffelsalat(2, 3, 11), oder Bratkartoffel	€ 6,10
Port. Kasspatzen (mit Allgäuer Emmentaler, Bergkäse[1, 4, 11]) mit Röstzwiebel, grüner Salat	€ 6,90
Port. Schweinsbraten, Knödel(2, 3), Blaukraut(11)	€ 8,50
Graswanger Bauernschmaus Wammerl, Ripperl, Würstl(4, 7) und Leberknödel auf Sauerkraut, Dampfkartoffel	€ 9,00
2 Paar Schweinswürstl(4, 7) auf Kraut und Kartoffel	€ 5,90
4 Stück Reiberdatschi mit Apfelmus(3)	€ 4,50
Kaiserschmarren mit Apfelmus(3)	€ 7,70

Die angegebenen Zahlen beziehen sich auf die folgenden gesetzlich zugelassenen Zusatzstoffe: 1) „mit Farbstoff" 2) „mit Konservierungsstoff" oder „konserviert" 3) „mit Antioxydationsmittel" 4) „mit Geschmacksverstärker" 5) „geschwefelt" 6) „geschwärzt" 7) „mit Phosphat" 8) „mit Milcheiweiß" 9) „koffeinhaltig" 10) „chininhaltig" 11) „mit Süßungsmittel". Wir sind bemüht, die Geschmacksverstärker soweit möglich zu reduzieren. Bitte informieren Sie uns über evtl. Allergien.

Mit freundlicher Genehmigung von

Gasthaus zum Fischerwirt
Fam. Stöckel, D 82488 Ettal-Graswang

Übersetzung

Selvaggina delle Alpi di Ammergau

Gulasch di cervo, pasta della Casa, mirtilli rossi	€ 10,90
Arrosto di cervo con sugo di selvaggina alla panna, canederlo, cavoli rossi	€ 12,50
Medaglioni di cervo, pasta della Casa, broccoli, mirtilli rossi	€ 14,40
Spezzatino di capriolo, pasta della Casa, mirtilli rossi	€ 12,50
Arrosto di capriolo con sugo di selvaggina alla panna, crocchette, cavoli rossi	€ 14,90
Crepinette di capriolo, crocchette, broccoli, mirtilli rossi	€ 15,70

Per gli intenditori:

spezzatino di camoscio, canederlo, fagioli con pancetta	€ 12,50
arrosto di camoscio, canederlo, fagioli con pancetta	€ 14,90

Specialità bavaresi

Porzione di pasticcio di carne(4, 7) con uova fritte, insalata di patate(2, 3, 11), o patate arrosto	€ 6,10
Porzione di pasta della Casa con formaggio (emmenthal dell'Algovia, Montagna San Candido o Bergkäse1, 4, 11), cipolle fritte, insalata verde	€ 6,90
Porzione di arrosto di maiale, canederlo(2, 3), cavoli rossi(11)	€ 8,50
Piatto tipico della cucina contadina di Graswang Trancio di pancetta cotta di maiale, costolette affumicate di maiale, salsicce(4, 7) e canederlo di fegato con crauti, patate cotte al vapore	€ 9,00
2 paia di salsicce di maiale(4, 7) con crauti e patate	€ 5,90
4 frittelle di patate con mousse di mele(3)	€ 4,50
Crespelle dolci a pezzi con uvetta, purea di mele(3)	€ 7,70

I numeri si riferiscono ai seguenti additivi consentiti dalla legge: 1) „con colorante" 2) „con conservanti" o „conservato" 3) „con antiossidanti" 4) „con esaltatori del sapore" 5) „solfitato" 6) „annerito" 7) „con fosfati" 8) „con albumina del latte" 9) „contenente caffeina" 10) „contenente chinino" 11) „con dolcificanti". Noi ci sforziamo di ridurre al massimo gli esaltatori del sapore. Per favore comunicateci eventuali allergie.

Mit freundlicher Genehmigung von

Ristorante „Al porto“
Piazzale Cantore, 20123 Milano

Original

IL MENU

ANTIPASTI

*Antipasto misto di pesce		€ 9,50
Totanetti caldi ripieni		€ 9,50
*Antipasto misto caldo		€ 9,50
Cozze gratinate		€ 9,50
Capesante alla griglia	(cad.)	€ 2,50
Tartufi di mare al limone	(cad.)	€ 2,00
Cocktail di gamberi		€ 9,50
Prosciutto di Parma		€ 9,50
Carpaccio di tonno		€ 13,00
Scampi e tonno crudi		€ 15,00

MINESTRE

Risotto ai frutti di mare	€ 9,50
Risotto misto del Porto (min. per 2 persone)	€ 9,50
Risotto nero alle seppie	€ 9,50
Risotto al Curry e gamberi	€ 9,50
Bavette alle seppie	€ 9,50
Bavette agli scampi	€ 9,50
Spaghetti alle vongole veraci	€ 9,50
Spaghetti ai frutti di mare (min. per 2 persone)	€ 11,00
Zuppa di vongole veraci	€ 9,50
Zuppa di cozze alla marinara	€ 9,50
Zuppa di frutti di mare	€ 9,50
Zuppa di pesce	€ 9,50
Zuppa di fagioli e scampi	€ 9,50
Zuppa di pesce San Pietro con crostini	€ 9,50

PIATTI DI PESCE

Fritto di scampi e calamaretti		€ 17,00
Fritto misto mare		€ 17,00
Sogliola fritta		€ 17,00
Branzino alla griglia	(l'hg.)	€ 5,00
Branzino al pepe verde (min. per 2 persone)		€ 17,00
Orata alla griglia	(l'hg.)	€ 5,00
Orata al cartoccio (min. per 2 persone)		€ 19,00
Orata al pepe rosa (min. per 2 persone)		€ 17,00

Orata al limone (min. per 2 persone)	€ 17,00
Scamponi alla griglia	€ 21,00
Scamponi gratinati	€ 21,00
Gamberoni alla griglia	€ 24,00
Gamberoni al rafano	€ 24,00
Rombo chiodato al rosmarino (min. per 2 persone)	€ 17,00
Aragosta bollita o alla griglia	(l'hg.) € 9,30
Misto pesce grigliato (min. per 2 persone)	€ 17,00

CONTORNI

Insalata verde	€ 3,50
Insalata di cicorino	€ 3,50
Insalata di pomodori	€ 3,50
Insalata di peperoni	€ 3,50
Insalata mista	€ 3,50
Insalata rucola	€ 3,50

FORMAGGI

Assortiti	€ 5,00

FRUTTA

Frutta di stagione	(al pezzo) € 3,50
Frutti di sottobosco	€ 5,00
Ananas fresco	€ 5,00

DOLCI

Dolce della casa	€ 5,00
Panna cotta	€ 5,00
Mousse al cioccolato	€ 5,00
Bavarese	€ 5,00

GELATI

Gelato al whisky	€ 5,00
Sorbetti assortiti	€ 5,00
Semifreddo al caffè	€ 5,00
Tartufo gelato	€ 5,00
Mandarino gelato	€ 5,00

Pane e coperto € 3,00
Servizio e Iva compresi

I piatti eventualmente contrassegnati con asterisco possono essere scongelati.

Mit freundlicher Genehmigung von

Ristorante „Al porto“
Piazzale Cantore, 20123 Milano

Übersetzung

MENÜ

VORSPEISEN

*Gemischte Fischvorspeisen		€ 9,50
Warme gefüllte kleine Pfeilkalmare		€ 9,50
* Warme gemischte Vorspeisen		€ 9,50
Gratinierte Miesmuscheln		€ 9,50
Gegrillte Jakobsmuscheln	(jede)	€ 2,50
Venusmuscheln mit Zitrone	(jede)	€ 2,00
Shrimps-Cocktail		€ 9,50
Parma-Schinken		€ 9,50
Thunfisch-Carpaccio		€ 13,00
Scampi und Thunfisch (roh)		€ 15,00

ERSTER GANG

Risotto mit Meeresfrüchten	€ 9,50
Gemischter Risotto nach Art des Hauses (mind. für 2 Personen)	€ 9,50
Schwarzer Risotto mit Tintenfisch	€ 9,50
Risotto mit Curry und Shrimps	€ 9,50
Bavette mit Tintenfisch	€ 9,50
Bavette mit Scampi	€ 9,50
Spaghetti mit Venusmuscheln	€ 9,50
Spaghetti mit Meeresfrüchten (mind. für 2 Personen)	€ 11,00
Suppe mit Venusmuscheln	€ 9,50
Suppe mit Miesmuscheln	€ 9,50
Miesmuschelsuppe nach Matrosenart	€ 9,50
Suppe mit Meeresfrüchten	€ 9,50
Fischsuppe	€ 9,50
Suppe mit Bohnen und Scampi	€ 9,50
Suppe mit Petersfisch und Croutons	€ 9,50

FISCHGERICHTE

Frittierte Scampi und Calamari		€ 17,00
Frittüre von gemischten Fischarten		€ 17,00
Frittierte Seezunge		€ 17,00
Gegrillter Seebarsch	(pro 100 g.)	€ 5,00
Seebarsch mit grünem Pfeffer (mind. für 2 Personen)		€ 17,00
Gegrillte Dorade	(pro 100 g.)	€ 5,00
Dorade in Folie (mind. für 2 Personen)		€ 19,00
Dorade mit rosa Pfeffer (mind. für 2 Personen)		€ 17,00

Dorade mit Zitrone (mind. für 2 Personen)	€ 17,00
Gegrillte Riesenscampi	€ 21,00
Gratinierte Riesenscampi	€ 21,00
Gegrillte Königskrabben	€ 24,00
Königskrabben mit Rettich	€ 24,00
Steinbutt mit Rosmarin (mind. für 2 Personen)	€ 17,00
Gekochte oder gegrillte Languste	(pro 100 g.) € 9,30
Gemischte gegrillte Fischplatte (mind. für 2 Personen)	€ 17,00

BEILAGEN

Grüner Salat	€ 3,50
Salat aus Feldsalat	€ 3,50
Tomatensalat	€ 3,50
Paprikasalat	€ 3,50
Gemischter Salat	€ 3,50
Salat aus Rucola	€ 3,50

KÄSE

Mischung	€ 5,00

OBST

Frucht je nach Jahreszeit	(pro Stück) € 3,50
Waldbeeren	€ 5,00
Frische Ananas	€ 5,00

NACHSPEISEN

Nachspeise nach Art des Hauses	€ 5,00
Panna cotta	€ 5,00
Schokoladenmousse	€ 5,00
Bavarese (Bayerische Creme)	€ 5,00

EISSPEZIALITÄTEN

Whisky-Eis	€ 5,00
Gemischte Sorbets	€ 5,00
Kaffee-Parfait	€ 5,00
Trüffeleis	€ 5,00
Mandarinen-Eis	€ 5,00

Brot und Gedeck € 3,00
Bedienung und Mehrwertsteuer inbegriffen

Die mit einem Asteriskus gekennzeichneten Gerichte können eventuell aufgetaut worden sein.

Mit freundlicher Genehmigung von

Landhaus Post
D 72435 Albstadt-Burgfelden

Original

Tageskarte

1. Menü

Kraftbrühe „Klößchen“ *oder* Melone mit Schinken
Wildschweinschäufele mit Spätzle, Salate
Früchtebecher € 13,80

2. Menü

Vorspeise
Kalbsschnitzel mit frischen Steinpilzen, Pommes dauphine
Dessert € 14,70

Linsen mit Saiten und Spätzle	€ 7,10
Kutteln in Rotwein mit Bratkartoffeln	€ 7,10
Hausg. Maultaschen in der Brühe, geschmälzt oder geröstet mit Ei	€ 8,10
Leberle sauer mit Bratkartoffeln	€ 10,10
Wildschweingulasch mit Spätzle, Salate	€ 10,10
Kalbskopf „tortue“, mit Kartöffele, Salate	€ 10,10
Schweinekotelett paniert oder natur mit Blumenkohl, Kartöffele	€ 10,10
Schweinebraten mit Apfelrotkraut, Semmelknödel	€ 10,10
Ochsenzunge in Rotwein mit feinen Erbsen, Pommes dauphine	€ 11,20
Knuspriges Spanferkel mit Apfelrotkraut, Semmelknödel	€ 11,20
Rehragout (ohne Bein), Spätzle, Salate	€ 11,20
Kalbsrahmbraten mit Spätzle, Salate	€ 11,20
Frische Pfifferlinge mit Semmelknödel	€ 11,20
Jägerbraten mit feinem Gemüse, Pommes frites	€ 11,20
Schwäbische Bratenplatte mit Spätzle, Salate	€ 11,20
Leberschnitte „Berliner Art“ mit Sahne-Püree, Salate	€ 12,20
Bunte Gemüseplatte mit Kartöffele	€ 12,20
Rehbraten „Försterin“ mit Pfifferlingen, Spätzle, Salate	€ 14,70
Kleines Rinderfilet mit verschiedenem Gemüse	€ 14,70
Rehfilet in Wildrahmsauce mit Pfifferlingen, Spätzle, Salate	€ 17,80

Die Preise sind inklusive Service, Bedienungsgeld und gesetzlicher Mehrwertsteuer

Mit freundlicher Genehmigung von

Landhaus Post
D 72435 Albstadt-Burgfelden

Übersetzung

Menù del giorno

1° Menù

Consommé con gnocchetti *oppure* prosciutto e melone	
Spalla di cinghiale salmistrata con pasta della Casa, insalate	
Coppa di frutta assortita	€ 13,80

2° Menù

Antipasto	
Scaloppine di vitello con porcini freschi, crocchette di patate	
Dessert	€ 14,70

Lenticchie con salsicce di Francoforte e pasta della Casa	€ 7,10
Trippa al vino rosso con patate arrosto	€ 7,10
Tortelloni fatti in casa serviti in brodo, spalmati di strutto o fritti nell'uovo	€ 8,10
Fettine di fegato all'aceto con patate arrosto	€ 10,10
Spezzatino di cinghiale con pasta della Casa e insalate	€ 10,10
Testina di vitello in salsa tortue con patate e insalate	€ 10,10
Costoletta di maiale impanata o al naturale con cavolfiore e patate	€ 10,10
Arrosto di maiale con crauti rossi e canederlo di pane	€ 10,10
Lingua di bue al vino rosso con piselli fini e crocchette di patate	€ 11,20
Porchetta croccante con crauti rossi e canederlo di pane	€ 11,20
Spezzatino di capriolo (senza ossi); pasta della Casa e insalate	€ 11,20
Arrosto di vitello alla panna con pasta della Casa e insalate	€ 11,20
Gallinacci freschi con canederlo	€ 11,20
Arrosto alla cacciatora con verdure varie e patatine fritte	€ 11,20
Arrosti assortiti alla sveva con pasta della Casa e insalate	€ 11,20
Fegato alla berlinese con purè alla panna e insalate	€ 12,20
Verdure varie con patate	€ 12,20
Arrosto di capriolo con gallinacci, pasta della Casa e insalate	€ 14,70
Piccolo filetto di manzo con verdure varie	€ 14,70
Filetto di capriolo in sugo di selvaggina alla panna, gallinacci, pasta della Casa e insalate	€ 17,80

Servizio e IVA inclusi

Mit freundlicher Genehmigung von

Enaip Trentino
Ente ACLI Istruzione Professionale
Centro di Formazione Professionale, Tesero

Original

ENAIP DAY 2004
Tesero, sabato 22 maggio 2004

Selezione di Vini del Trentino
Liquori e distillati

MENU

Aperitivo di benvenuto
Buffet di stuzzichini
*
Consommé al naturale
*
Sformato di asparagi bianchi
Coulis di zucca e capesante
*
Medaglione di manzo con cuore di basilico e mele croccanti
Patate soffiate
*
Torta „Enaip day"
*
Caffè
*
Friandises

Pranzo tradizionale prenatalizio
Tesero, martedì 22 dicembre 2003

MENU

Filetti di orata e gamberoni alla mela verde
*
Le lasagne gratinate all'emiliana
*
Il sorbetto al lime caraibico
*
La scaloppa milanese con patatine fritte
*
Il Tronco di Natale

Mit freundlicher Genehmigung von

Enaip Trentino
Ente ACLI Istruzione Professionale
Centro di Formazione Professionale, Tesero

Übersetzung

ENAIP DAY 2004
Tesero, Samstag 22 Mai 2004

Regionale Weine
Liköre und Destillate

MENÜ

Willkommensaperitif
Buffet mit Appetithäppchen
*
Consommé nature
*
Auflauf mit weißem Spargel
Kürbispüree mit Jakobsmuscheln
*
Rindmedaillon mit Basilikumherz und knusprigen Äpfeln
Knusprige Kartoffeln
*
„Enaip day" Torte
*
Kaffee
*
Friandises

Traditionelles Mittagessen in der Vorweihnachtszeit
Tesero, 22. Dezember 2003

MENÜ

Goldbrassefilets und Hummer, mit grünem Apfel verfeinert
*
Gratinierter Auflauf aus Nudelteigplatten nach emilianischer Art
*
Limettensorbet
*
In Mehl gewendetes Kalbsschnitzel nach Mailänder Art
mit gerösteten Kartoffeln
*
Weihnachtsbaumstamm

Mit freundlicher Genehmigung von

Wein- und Sektkellerei Bernd Schöpsdau, D 67487 Maikammer
Kulinarische Sektprobe im Bürgerhaus Maikammer,
24. November 2001

Original

Menü

Kleine Gaumenkitzler

**

Ententerrine mit Wildkräutern
Pikante Himbeersauce
Chicorée-Birnen-Salat
Französisches Stangenweißbrot

**

Wirsingroulade vom Barsch und Lachs
Weißburgunderschaumsauce
Gebutterte Rote Beete
Duftreis

**

Duett vom Hirschfilet
und gebratenen St. Jakobsmuscheln
an zweierlei Saucen
Pfifferlingen, Maronenpüree, feiner Rosenkohl
Orangenspätzle

**

Kartoffelpuffer mit Gorgonzola
Zucchinitöpfchen mit Ziegenkäse gefüllt
dazu Rosmarin-Apfelspalten

**

Trilogie von Quittenjoghurtcrème,
Passionsfruchtparfait und Zwetschgenterrine
an einer Gewürztraminer-Sabayon

**

Kaffee – Kleingebäck

Es verwöhnt Sie das Küchenteam um Küchenmeister Josef Gründler

Mit freundlicher Genehmigung von

Wein- und Sektkellerei Bernd Schöpsdau, D 67487 Maikammer
Kulinarische Sektprobe im Bürgerhaus Maikammer,
24. November 2001

Übersetzung

Menù

Stuzzichini

**

Terrina d'anatra alle erbe selvatiche
Salsa di lamponi piccante
Insalata di pere e cicoria belga
Baguette

**

Involtini di verza con ripieno di pesce persico e salmone
Zabaione al pinot bianco
Barbabietole rosse al burro
Riso aromatizzato

**

Composizione di filetto di cervo
e capesante saltate
con salsa di due tipi
Gallinacci, purea di marroni, cavoli di Bruxelles,
pasta fresca della Casa all'arancia

**

Frittelle di patate al gorgonzola
Casseruola di zucchine ripiene di caprino
con fette di mela al rosmarino

**

Tris di crema di cotogne allo yogurt,
semifreddo ai frutti della passione e terrina di prugne
con uno zabaione al Gewürztraminer

**

Caffè e pasticcini

La squadra di cucina dello chef Josef Gründler vi dà il benvenuto.

2. Italienische und deutsche Rezepte mit ihren Übersetzungen

Original

Torta pasqualina alla maggiorana

Ingredienti per 4 persone

Per la pasta:
150 g di farina, 1 cucchiaio d'olio extravergine d'oliva, sale.

Per il ripieno:
mezzo chilogrammo di bietole (erbette), 150 g di borragine, 5 uova piccole, 300 g di ricotta, 1 manciata abbondante di parmigiano grattugiato, 1 cipolla piccola, 1 dl di panna, 1 spicchio d'aglio, 1 cucchiaio di prezzemolo tritato, qualche rametto di maggiorana, sale, 4 cucchiai d'olio d'oliva

Mescola la farina in una ciotola con l'olio, una buona presa di sale e acqua tiepida quanto basta per ottenere una pasta elastica. Lavorala per qualche minuto, quindi dividila in sei palline, deponile su un piatto infarinato e coprile con un telo umido, lasciandole riposare per un'ora.

Pulisci le bietole e le borragini, lavale bene e lessale in poca acqua. Quando sono cotte, scolale e strizzale molto bene. Tagliuzzale su un tagliere con un grosso coltello, quindi allargale su un piatto, cospargile con il prezzemolo, la maggiorana e un po' di parmigiano e lasciale intiepidire. Sbatti un uovo in una ciotola con la panna e la ricotta, un cucchiaino di sale e quasi tutto il parmigiano rimasto. Unisci l'aglio sminuzzato e le bietole. Stendi tre palline di pasta con il mattarello in tre sfoglie molto sottili e spennellale con olio d'oliva.

Adagia le tre sfoglie una sopra l'altra sul fondo di un piccolo stampo apribile per dolci. Riempi con il preparato di erbette e fai quattro incavi. Rompi un uovo in ogni incavo, cospargi con poco sale e il formaggio rimasto. Stendi le ultime tre sfoglie e ungile con altro olio. Disponile sopra il ripieno e sigilla bene gli strati di pasta premendo ai lati. Versa l'olio rimasto sopra la superficie di pasta. Cuoci nel forno già caldo a 180° per quasi un'ora. Se la superficie dovesse scurire troppo, coprila con un disco di carta stagnola.

(Quelle: *Donna moderna*/Arnoldo Mondadori editore, Nr. 14/2004, S. 198 – 199)

Übersetzung

Osterauflauf mit Majoran

Zutaten für 4 Personen:

Für den Teig:
150 g Mehl, 1 Löffel extra natives Olivenöl, Salz

Für die Füllung:
½ Kilogramm Mangoldblätter (Blattmangold), 150 g Borretsch, 5 kleine Eier, 300 g Ricottakäse, 1 gute Handvoll Parmesan, 1 kleine Zwiebel, 1 dl Sahne, 1 Knoblauchzehe, 1 Löffel gehackter Petersilie, einige Majoranzweige, Salz, 4 Löffel Olivenöl

Man mischt in einer Schale das Mehl mit dem Öl, einer guten Prise Salz, und so viel lauwarmem Wasser wie nötig, damit ein glatter Teig entsteht. Man knetet den Teig für einige Minuten durch, dann teilt man ihn in 6 Bällchen, legt die Bällchen auf einen mit Mehl bestreuten Teller, deckt sie mit einem feuchten Tuch ab und lässt sie für eine Stunde ruhen.

Man reinigt den Mangold und den Borretsch, wäscht sie gründlich und kocht sie in wenig Wasser. Wenn sie gar sind, gießt man sie ab und presst sie sehr gut aus. Man legt sie auf ein Brett und hackt sie mit einem großen Messer fein. Dann breitet man sie auf einem Teller aus, bestreut sie mit Petersilie, Majoran und ein bisschen Parmesan und lässt sie abkühlen. In einer Schale wird ein Ei mit der Sahne, dem Ricottakäse, einem Teelöffel Salz und fast all dem übrig gebliebenen Parmesan geschlagen. Man gibt den gehackten Knoblauch und die Mangoldblätter hinzu, rollt drei Teigbällchen mit dem Nudelholz zu drei sehr dünnen Blättern aus und bepinselt sie mit Olivenöl.

Dann werden die drei Teigblätter aufeinander auf dem Boden einer kleinen Springform gelegt, die Form mit der Gemüsemischung gefüllt und vier Mulden in die Füllung geformt. Man gibt ein Ei in jede Mulde und bestreut es mit wenig Salz und dem übrigen Käse. Dann rollt man die restlichen drei Teigbällchen aus und ölt sie ein, bedeckt die Füllung damit und verschließt gut die Teigschichten, indem man die Seiten zusammenpresst. Man träufelt das übrige Öl über den Teig. Man bäckt den Auflauf für ca. eine Stunde bei 180 °C. Falls die Oberfläche zu braun wird, deckt man sie mit Alufolie ab.

Original

Zuppa inglese

Ingredienti per 6 persone

Per la crema:

Uova	4 tuorli
Farina	4 cucchiai
Zucchero	4 cucchiai
Latte	4 bicchieri
Cacao	50 g
Limone, scorza	1

Per la zuppa:

Savoiardi	q.b.
Alchermes	q.b.
Latte	q.b.

Preparazione:

1) Preparate la crema: in una casseruola sbattete i tuorli con lo zucchero, aggiungete, sempre mescolando, la farina e il latte, profumate con una scorza di limone.
2) Cuocete la crema sempre mescolando fino a quando non si addensa. Togliete la crema dal fuoco, eliminate la scorza di limone, dividete la crema in due parti: una lasciatela così e tenetela da parte, all'altra aggiungete il cacao.
3) Tagliate i savoiardi a metà. Diluite l'alchermes con latte a piacere (a seconda se gradite una zuppa inglese più o meno alcolica).
4) Bagnate i mezzi savoiardi nell'alchermes e con essi foderate uno stampo su tutte le pareti, versatevi uno strato di crema gialla, poi coprite con altri savoiardi imbevuti nell'alchermes, versatevi la crema nera, poi coprite con altri savoiardi imbevuti nell'alchermes e continuate così fino all'esaurimento degli ingredienti, terminate con i savoiardi imbevuti nell'alchermes.
5) Mettete la zuppa inglese, quando si è raffreddata, in frigorifero per qualche ora, poi servite.

Difficoltà: Media
Tempo: 40 m.
Vino: Non Applicato.
Consigli: L'origine della zuppa inglese è molto contestata. Secondo alcuni sarebbe stata importata dall'Inghilterra nella metà dell'800, infatti in Inghilterra esiste un dolce simile che si chiama "trifle", nome che però risulta intraducibile in italiano. Secondo altri sarebbe una creazione di alcune cuoche che prestavano i loro servizi presso famiglie inglesi a Firenze.

(Quelle: Buonissimo Web Magazine; http:/www.buonissimo.org/ricette/1704_zuppainglese.asp)

Übersetzung

„Englische Suppe“

Zutaten für 6 Personen

Für die Creme:

Eier	4 Eidotter
Mehl	4 Löffel
Zucker	4 Löffel
Milch	4 Gläser
Kakao	50 g
Zitrone	1 Schale

Für die Suppe:

Löffelbiskuits (in hinreichender Menge)
Alchermes-Likör (in hinreichender Menge)
Milch (in hinreichender Menge)

1) So bereiten Sie die Creme zu: In einer Schale schlagen Sie die Eidotter mit dem Zucker; unter ständigem Rühren fügen Sie das Mehl, die Milch und die Schale einer Zitrone hinzu.
2) Kochen Sie die Creme unter ständigem Rühren, bis sie eindickt. Nehmen Sie sie dann vom Herd; beseitigen Sie die Zitronenschale und halbieren Sie die Creme: Eine Hälfte der Creme sollte beiseite gelegt werden; dem Rest der Creme fügen Sie den Kakao hinzu.
3) Halbieren Sie die Löffelbiskuits. Verdünnen Sie den Alchermes-Likör mit Milch nach Geschmack (je nachdem, ob Sie die Suppe mit mehr oder weniger Alkohol mögen)
4) Tunken Sie die halben Löffelbiskuits in den Alchermes-Likör ein und legen Sie damit alle Seiten einer Form aus. Fügen Sie eine Schicht von der gelben Creme hinzu und bedecken Sie sie dann mit weiteren in Alchermes-Likör eingetunkten Löffelbiskuits. Fügen Sie die dunklere Creme hinzu und bedecken Sie sie dann mit weiteren in Alchermes-Likör eingetunkten Löffelbiskuits. Machen Sie so weiter bis die Zutaten aufgebraucht sind. Enden Sie mit einer Schicht in Alchermes-Likör eingetunkter Löffelbiskuits.
5) Wenn die englische Suppe etwas abgekühlt ist, stellen Sie sie für einige Stunden in den Kühlschrank, dann servieren Sie sie.

Schwierigkeitsgrad: Mittel
Vorbereitungszeit: 40 Minuten
Wein: Keine Empfehlung
Ratschläge Der Ursprung der Zuppa Inglese ist sehr umstritten. Laut einigen Quellen wurde sie Mitte des 19. Jahrhunderts aus England importiert; und tatsächlich existiert in England eine ähnliche Süßspeise (genannt „trifle“), deren Namen ins Italienische unübersetzbar ist. Anderen Quellen zufolge wurde sie von Köchinnen kreiert, die in Florenz bei englischen Familien dienten.

Original

Pfälzer Saumagen

Zuerst muss beim Metzger ein frischer, kleiner, geputzter Saumagen bestellt werden. Für die Füllung:

1 –1 ½ kg gekochte Kartoffeln
750 g grüner, magerer Schweinebauch
375 g gehacktes Rindfleisch
3 Eier
2 große Zwiebeln, aufgeschnitten in Fett gedämpft
Majoran, Salz, Pfeffer, Muskatnuss
½ Liter Fleischbrühe

Zuerst zwei der drei Ausgänge am Saumagen zubinden. Kartoffeln und Schweinebauch in gleichmäßige Würfel schneiden. Alle übrigen Zutaten dazugeben, sehr kräftig würzen und durcharbeiten. Diese Masse in den Saumagen füllen und zubinden. In siedendem Salzwasser gut 3 Stunden ziehen lassen – nicht kochen! Er kann bereits so mit Genuss gegessen werden, jedoch gibt es auch eine andere Geschmacksrichtung, die ihn, in Scheiben geschnitten, in Butter gebraten bevorzugt. Dazu wird Sauerkraut gereicht. Der perfekt zubereitete Saumagen hat Tranchen, die beim Aufschneiden nicht bröckeln oder gar zerfallen. Bauernbrot, Weinkraut und natürlich Pfälzer Wein dazu reichen.

(Gropper, Kulinarische Streifzüge durch die Pfalz, S. 150; Sigloch Edition 1988, Künzelsau)

Übersetzung

Stomaco di scrofa alla maniera del Palatinato

Innanzitutto bisogna ordinare dal macellaio un piccolo stomaco di scrofa fresco e pulito. Per il ripieno:

1 – 1 ½ kg di patate bollite
750 g di pancetta di maiale magra non affumicata
375 g di carne trita di manzo
3 uova
2 grosse cipolle affettate e cotte a vapore nel grasso
maggiorana, sale, pepe, noce moscata
½ litro di brodo di carne

Per prima cosa chiudere legando due delle tre aperture dello stomaco. Tagliare a dadi regolari le patate e la pancetta, aggiungere tutti gli altri ingredienti, insaporire abbondantemente con le spezie e lavorare il tutto. Con questo composto riempire lo stomaco e chiudere l'ultima apertura. Fare sobbollire in acqua salata bollente per tre ore abbondanti – non fare bollire! Questo piatto può essere gustato già così; tuttavia c'è un'altra maniera di servirlo, che consiste nel tagliare lo stomaco a fette, fare saltare le fette nel burro e accompagnarle con crauti. Lo stomaco è preparato alla perfezione se si riesce a tagliarlo senza che i tranci si sbriciolino o si spezzino. Il piatto va accompagnato da crauti con il vino, pane casereccio e naturalmente da un vino del Palatinato.

Original

Ostfriesisches Tee-Parfait
mit Bohntjesopp

Für 10 Portionen

Bohntjesopp
250 g Sultaninen
100 g weißer Kandis
½ Liter Ostfriesischer Branntwein / alternativ Weinbrand

Tee-Parfait
2 Blatt weiße Gelatine
3 EL schwarzer Tee (Ostfriesenmischung)
100 g Zucker
6 Eigelb
500 ml Schlagsahne

1) Für die Bohntjesopp die Sultaninen in ein fest verschließbares Gefäß geben, den Kandiszucker darüber streuen und den Branntwein darüber gießen. 3–7 Tage ziehen lassen, dabei gelegentlich durchrühren.
2) Für das Parfait die Gelatine in kaltem Wasser einweichen. 150 ml Wasser zum Kochen bringen, die Teeblätter dazugeben und 10 Min. ziehen lassen. Durch ein feines Sieb gießen und die Blätter gut ausdrücken. Den Teesud mit dem Zucker 5 Min. kochen, sodass der Zucker sich darin auflöst. Die tropfnasse Gelatine darin auflösen.
3) Eigelb zusammen mit dem Teesud über einem heißen Wasserbad ca. 10 Min. cremig-dicklich aufschlagen. Anschließend im kalten Wasserbad kaltschlagen. Sahne steif schlagen, unter die Teecreme heben. Creme in 10 Kaffeetassen (à 125 ml Inhalt) füllen, abdecken und über nach ins Gefriergerät stellen.
4) Die Tee-Parfaits ca. 10 Min. vorm Servieren aus dem Gefriergerät nehmen. Mit einem Messer vom Innenrand der Tassen lösen. Die Tassen kurz in heißes Wasser tauchen, die Parfaits auf Teller stürzen und jeweils mit etwas Bohntjesopp umlegen.

Dazu passt Vanillesauce.

Zubereitungszeit: 1 Std. 10 Min. (plus Zeit zum Ziehen und Gefrieren)

(Mit freundlicher Genehmigung von Hr. Norbert Hanke, Restaurant „De Leckerbeck", Schmiedestr. 6, 26548 Norderney)

Übersetzung

Semifreddo al tè della Frisia orientale
con Bohntjesopp

Per 10 porzioni

Bohntjesopp
250 g di uva sultanina
100 g di zucchero candito bianco
½ litro di acquavite della Frisia orientale / in alternativa brandy

Semifreddo al tè
2 fogli di gelatina
3 cucchiai di miscela di tè nero della Frisia orientale
100 g di zucchero
6 rossi d'uovo
500 ml di panna da montare

1) Per la Bohntjesopp mettere l'uva sultanina in un recipiente con coperchio ermetico, cospargerla di zucchero candito e versarvi sopra l'acquavite. Lasciar macerare per 3–7 giorni, mescolando di tanto in tanto.
2) Per il semifreddo ammollare la gelatina in acqua fredda. Portare a ebollizione 150 ml d'acqua, aggiungere le foglie di tè e lasciare in infusione per 10 minuti. Scolare con un colino fine e pressare bene le foglie. Fare bollire l'infuso con lo zucchero per 5 minuti, in modo che lo zucchero vi si sciolga. Sciogliere i fogli di gelatina ancora intrisi d'acqua nell'infuso.
3) Montare i rossi d'uovo insieme all'infuso di tè per circa 10 minuti sopra un bagnomaria caldo in modo da ottenere un composto spesso e cremoso. Far raffreddare poi battendo in un bagnomaria freddo. Montare la panna finché è ben soda e incorporarla sotto la crema al tè. Con la crema riempire 10 tazze da caffè da 125 ml, coprire e mettere nel congelatore durante la notte.
4) Togliere i semifreddi dal congelatore 10 minuti prima di servirli. Con un coltello staccarli dal bordo interno delle tazze. Immergere brevemente le tazze in acqua calda, rovesciare i semifreddi sui piatti e porvi intorno un po' di Bohntjesopp.

Servire con salsa alla vaniglia.

Tempo di preparazione: 1 ora e 10 minuti (più il tempo necessario per la macerazione ed il congelamento)

3. Die Pasta und die Pizza in der italienischen Küche

Aus Platzgründen musste im Wörterbuch auf die Aufnahme der verschiedenen Pasta- und Pizza-Sorten verzichtet werden. Im Folgenden wird nun eine kleine Übersicht über diese beiden wesentlichen Bestandteile der italienischen Küche, die in der ganzen Welt sehr beliebt sind, angeboten.

Pasta alimentare

Die klassische, übliche, italienische Pasta ist die sogenannte ***pasta di semola di grano duro*** (Hartweizengries). Die ***pasta all'uovo*** (Pasta mit Eiern) wird im Allgemeinen aus gesundheitlichen Gründen seltener, z. B. an Feiertagen, verzehrt. ***Pasta fresca*** (frische Teigwaren) wird entweder zu Hause (immer seltener aus Zeitmangel) zubereitet, oder ist beim Bäcker oder im Supermarkt zu finden. ***Pasta secca*** (trockene Pasta) ist in Packungen (meist zu 500 g) erhältlich.

Man unterscheidet auch zwischen ***pasta asciutta*** (trocken, ohne Brühe) und ***pasta in brodo*** (in der Brühe). Die erste wird mit verschiedenen Soßen zubereitet und die zweite in der Brühe gekocht und serviert. Pasta kann nur als erster Gang serviert werden, wird nie als Beilage von Fleischgerichten wie in Deutschland angeboten. Was die Kochzeit betrifft, muss man im Allgemeinen den Anweisungen der Packung folgen: Die Kochzeit beträgt nur drei Minuten für einige Sorten ***pastina*** (kleine Suppeneinlagen) und 15 Minuten für die größeren Pasta-Typen. Italiener sind mit der Kochzeit sehr vorsichtig: Pasta muss ***al dente*** sein, sonst wird sie als ein Misserfolg betrachtet. Was die Menge betrifft, kann man für ***pasta asciutta*** durchschnittlich 80 g pro Person berechnen (obwohl größere Portionen auch sehr beliebt sind), für ***pasta in brodo*** viel weniger.

Teigwaren existieren auch in den Farben rot (mit Tomaten) und grün (mit Spinat). Die Mischung rot, grün, weiß kommt nicht selten vor und wird ***pasta tricolore*** (dreifarbig wie die italienische Flagge) genannt. Die Farbe schwarz (mit ***nero di seppia***), braun (mit Steinpilzen) und andere werden als Spezialitäten angeboten.

Was ***tortellini, tortelloni, cappelletti*** usw. betrifft, handelt es sich um Teigtaschen mit verschiedenen Füllungen, die man entweder ***asciutti*** oder ***in brodo***, je nach Größe und Geschmack, anbieten kann. Die Füllung (***ripieno***) kann aus Fleisch oder aus Ricotta und Spinat sein. In den letzten Jahren sind viele Varianten entstanden, und es wird ständig experimentiert, um neue Zusammensetzungen zu entdecken. Hier nur einige Beispiele: mit Steinpilzen, Schinken, Artischocken, Lachs, verschiedenen Käsesorten. Die Kochzeit spielt auch in diesem Fall eine wesentliche Rolle: Wenn man sie zu lange kocht, geht die Füllung meist im Wasser verloren, und die Teigwaren verlieren ihren Geschmack; wenn man sie hingegen zu kurz kochen lässt, ist die Füllung zu hart und ungenießbar.

Hier sind einige sehr verbreitete Pasta-Sorten:

PASTA-SORTEN	**BESCHREIBUNG**	***asciutta***	***in brodo***
agnolotti alla piemontese	gefüllte Teigtaschen aus Piemont	x	
alfabeto	Buchstaben		x
anellini	kleine Ringe		x
bucatini (Latium)	aus *bucato*, d. h. durchlöchert, hohl: dicker als *spaghetti*	x	
cannelloni (ripieni)	große Röhren, mit verschiedenen Füllungen zubereitet	x	
capelli d'angelo	Engelshaar, Fadennudeln		x
cappelletti (Romagna)	Hütchen, gefüllte Teigtaschen	x	x
conchiglie	Muscheln	x	
conchiglioni	große Muscheln	x	
creste di gallo	Hahnenkämme	x	
ditali	Fingerhüte		x
ditalini	kleine Fingerhüte		x
farfalle	Schmetterlinge	x	
farfalline	kleine Schmetterlinge		x
fettuccine (Latium)	kleine Bänder: Bandnudeln	x	
filini	Fädchen		x
funghetti	kleine Pilze		x
fusilli	spiralförmige Nudeln	x	
lasagne	Nudelteigplatten	x	
linguine	wörtlich kleine Zungen: schmale Bandnudeln	x	
lumaconi	große Schnecken	x	
maccheroni	kurze Röhrennudeln	x	
maccheroni alla chitarra (Gerät) (Abruzzen)	Makkaroni, deren Teig durch eine gitarrenartige Form gepresst wird	x	
maccheroncini	kleine Makkaroni	x	
malloreddus (Sardinien)	mit Safran gewürzte Nudeln	x	
orecchiette	kleine Ohren	x	
paglia e fieno	wörtlich Stroh und Heu: grün und gelbe dünne Bandnudeln	x	

PASTA-SORTEN	**BESCHREIBUNG**	***asciutta***	***in brodo***
pappardelle	sehr breite Bandnudeln	x	
penne corte	kurze Feder: Röhrennudeln	x	
penne lisce	glatte Feder	x	
penne rigate	gerillte Feder	x	
pennette	kleine Feder	x	
piccagge (Genua)	Lasagne auf Genueser Art mit weißem Pesto	x	
pizzoccheri (Veltlin, Lombardei)	Bandnudeln aus Buchweizen	x	
quadretti, quadrucci	kleine viereckige Nudelflecken		x
ravioli	gefüllte Teigtaschen	x	x
raviolini	gefüllte Teigtaschen		x
rigatoni	aus *rigato* gerillt: dicke, gerillte Röhrennudeln	x	
risoni	wörtlich große Reiskörner		x
ruote	Räder	x	
spaghetti	wörtlich Bindfäden: Spaghetti	x	
spaghettini	dünne Spaghetti	x	
stelle	Sterne		x
stelline	Sternchen		x
tagliatelle	Bandnudeln (aus *tagliate*, wörtlich geschnitten)	x	
tortellini (Emilia-Romagna)	Verkleinerung von *tortelli:* gefüllte Teigtaschen	x	x
tortelloni	Vergrößerung von *tortelli:* große gefüllte Teigtaschen	x	
tortiglioni	wörtlich Wendel: gedrehte Röhrennudeln	x	
trenette (aus dem Genueser *trena*)	wörtlich Schnürbänder: Bandnudeln, mit Pesto das traditionelle Gericht Liguriens	x	
vermicelli	wörtlich kleine Würmer: Fadennudeln	x	

Pizza

Das einfachste und zugleich erfolgreichste Gericht der Welt wurde in Neapel erfunden und besteht aus einem dünnen, mit verschiedenen Zutaten belegten Hefefladen, der am besten im Holzofen knusprig gebacken wird.

Die bekannteste Version aus Neapel heißt Margherita, wie die ehemalige italienische Königin, und wurde für sie von einem phantasievollen ***pizzaiolo*** mit den Farben der italienischen Flagge zubereitet: ***bianco***, weiß wie Mozzarella, ***rosso***, rot wie Tomaten, ***verde***, grün wie Basilikum (die Farben werden nämlich in dieser Reihe genannt). Die berühmte ***pizza napoletana*** hat auch Oregano und Sardellen. Eine ***focaccia*** (sehr bekannt sind diejenigen aus Ligurien mit Zwiebeln, Sardellen, Oliven, usw.) ist ein Fladen, der lockerer und dicker ist als die Pizza.

Hier sind einige in Italien verbreitete Pizza-Sorten:

Salame piccante e cipolla
Tomatensauce, Mozzarella, scharfe Salami und Zwiebeln

Verdure
Tomatensauce, Mozzarella, Auberginen, Spinat, Zucchini, Paprikaschoten, Spargel und Parmesankäse

Porcini
Tomatensauce, Mozzarella, Steinpilze und Parmesankäse

Brie e crudo
Tomatensauce, Mozzarella, Brie und Parmaschinken

Caprese
Tomatensauce, Büffelmozzarella, frische Tomaten und Basilikum

Salmone affumicato
Tomatensauce, Mozzarella und Räucherlachs

Crudo
Tomatensauce, Mozzarella und Parmaschinken

Radicchio e pancetta
Tomatensauce, Mozzarella, Radicchio, Bauchspeck und Parmesankäse

Quattro stagioni
Tomatensauce, Mozzarella, Ricottakäse, gekochter Schinken, Champignons, Artischocken und Oliven

Calzone
Pizzateigtasche gefüllt mit Tomatensauce, Mozzarella, gekochtem Schinken, Champignons, Ricottakäse und Parmesankäse

Quattro formaggi
Tomatensauce, Mozzarella, heimischer Käse, Gorgonzola und Parmesankäse

Ricotta e Rucola
Tomatensauce, Mozzarella, Ricottakäse und Rucola

Capricciosa
Tomatensauce, Mozzarella, gekochter Schinken, Champignons, Artischocken und Paprikaschoten

Tonno e cipolla
Tomatensauce, Mozzarella, Thunfisch und Zwiebeln

Prosciutto e funghi
Tomatensauce, Mozzarella, gekochter Schinken und Champignons

Spinaci
Tomatensauce, Mozzarella und Spinat

Rucola
Tomatensauce, Mozzarella, Rucola und gehobelter Parmesankäse

Tonno
Tomatensauce, Mozzarella und Thunfisch

Diavola
Tomatensauce, Mozzarella und scharfe Salami

Peperoni
Tomatensauce, Mozzarella und Paprikaschoten

Carciofi
Tomatensauce, Mozzarella und Artischocken

Prosciutto
Tomatensauce, Mozzarella und gekochter Schinken

Funghi
Tomatensauce, Mozzarella und Champignons

Salame Ungherese
Tomatensauce, Mozzarella und ungarische Salami

Ricotta
Tomatensauce, Mozzarella und Ricottakäse

Pugliese
Tomatensauce, Mozzarella, Zwiebeln und Parmesankäse

Romana
Tomatensauce, Mozzarella, Sardellen, Kapern und Oregano

Napoli
Tomatensauce, Mozzarella, Sardellen und Oregano

Margherita
Tomatensauce, Mozzarella und Basilikum

Marinara
Tomatensauce, Knoblauch und Oregano

4. Wichtige Adressen italienischer und deutscher Fachverbände des Gastronomie- und Hotelwesens

Nützliche Adressen in Italien · Indirizzi utili in Italia

FISAR Federazione Italiana
Sommelier Albergatori Ristoratori
via dei Condotti 16
56017 Asciano PI
sede nazionale tel. +39 0 50 85 71 05
http://www.fisar.com

ARDI Associazione Internazionale
Ristoranti D'Italia
Piazza Grazioli 5
00186 Roma
Tel.: +39 06-69 38 02 22
www.ardi-italy.com/statuto_ardi.htm

UIR Unione Italiana Ristoratori
Via Paolo Da Cannobbio 10
20122 Milano
Tel.: +39 02.86.99.84.53
Fax: +39 02.86.98.35.40
http://www.ristouir.it/

Federalberghi
Via Toscana 1
00187 Roma
Tel.: +39 0642741151
Fax:+39 0642871197
http://www.federalberghi.it/home.asp

UNIONCAMERE
Unione Italiana delle Camere di Commercio, Industria, Artigianato e Agricoltura
Segreteria generale
Piazza Sallustio 21
00187 ROMA
Tel. : +39 0647041
Fax: +39 064704240
http://www.unioncamere.it/sederoma.asp

Confartigianato
Via di San Giovanni in Laterano 152
00184 Roma
Tel.: +39 06703741
Fax: +39 0670452188
www.confartigianato.it
www.confartigianato.it/WebCategorie.jsp
http://www.confartigianato.it/EmailCategorie.jsp#su
E-Mail: confartigianato@mail.confartigianato.it

Associazione Ristoratori del Trentino
http://www.ristoranti.tn.it/

Associazione Ristoratori Garda
http://www.ristoratorigarda.it

Consorzio Alberghi della terraferma
Veneziana e del territorio veneto
http:/www.venicemainland.com
info@venicemainland.com

GRAGE Gruppo Ristoratori e Albergatori Genova e Provincia
VIA Galata 33/5
16121 Genova
Tel./Fax: +39 010 588606
grage@tin.it

Consorzio Alberghiero Riviera Ligure
www.palmhotels.it
info@palmhotels.it

Associazione Imprese Alberghiere di Firenze e provincia
Borgognissanti 8
50123 Firenze
Tel.: +39-55-219 951
Fax: +39-55-264 433
http:/www.venere.it/firenze/aia/
AIA@italyhotel.com

Associazione Provinciale Romana Albergatori
Corso d'Italia 19
00198 Roma
Tel.: +39 068414105
Fax: +39 068845559
http:/www.apraroma.it
info@apraroma.it

ADAN Associazione Degli Albergatori Napoletani
http:/www.napleshotels.na.it/

Camera di Commercio di Napoli
Via S. Aspreno 2
80133 Napoli
Tel.: +39 0817607111
Fax : +39 0815526940
http:/www.na.camcom.it

Associazione B&B Girandolapuglia
Sede in Via Sesia
73042 Casarano (Lecce)
Tel.: +39 0833.507149
Handy: 349.4389406
http:/www.girandolapuglia.it
info@girandolapuglia.it

Associazione Ristoratori del Salento per il Turismo (Arist)
Confesercenti – Arist
Via Imperatore Adriano 33
73100 Lecce (LE)
Tel.: 0832.241204 • 0832.243468 • 0832.248832
info@salentoatavola.com

Consorzio Albergatori della Riviera dei Gelsomini (Kalabrien)
http:/www.recil.net/ospiti/jonicaholidays/alberghi.html

Associazione Provinciale Albergatori Catanesi (Sizilien)
http:/www.cormorano.net/apac/

Camera di Commercio di Cagliari (Sardinien)
Largo Carlo Felice 72
09124 Cagliari
Tel.: +39 070.60512.1
Fax: +39 070.60512.435
http://www.ca.camcom.it/contatti.htm

Federazione Italiana Circoli Enogastronomici – F.I.C.E.
Via Roma 40/2
30037 Scorzè (VE)
Tel./Fax: 0415840336
info@enofice.it

Associazione Italiana Sommelier
Sede Nazionale
Viale Monza 9
20125 Milano
Tel.: +39 02.2846237
Fax: +39 02.2611232
aisnaz@sommelier.it

Ordine Ristoratori Professionisti Italiani (ORPI)
Via Quarto 12
16148 Genova
Tel.: +39 010387478
Fax: +39 010392684
http://www.orpi.it e-mail: orpi@orpi.it

ASSOCIAZIONE NAZIONALE PRODUTTORI DI PASTA FRESCA
E-Mail:
pasta.fresca@mail.confartigianato.it

FEDERAZIONE ITALIANA PASTICCERI ARTIGIANI
E-Mail:
pasticceri@mail.confartigianato.it

ASSOCIAZIONE NAZIONALE CIOCCOLATIERI
E-Mail:
alimentazione@mail.confartigianato.it

ASSOCIAZIONE NAZIONALE ARTIGIANI CASEARI
E-Mail: caseari@mail.confartigianato.it

ASSOCIAZIONE NAZIONALE ARTIGIANI LAVORAZIONE CARNI
E-Mail: lavorazione.carni@mail.confartigianato.it

Associazione Nazionale per la pizza di qualità A.P.Q. – Confartigianato
Via San Giovanni in Laterano 152
00184 Roma
E-Mail:
pizzadiqualità@mail.confartigianato.it

FederDoc Federazione Regionale dei Consorzi di Tutela delle Denominazione di Origine
http://www.federdoc.com/

Confederazione Nazionale dei Consorzi Volontari per la Tutela delle Denominazioni dei Vini Italiani
via G.B. Morgagni 30/h
00161 Roma
Tel.: +06 44250589
Fax: +06 44249965
E-Mail: vqprd@federdoc.com

Indirizzi utili in Germania · Nützliche Adressen in Deutschland

Deutscher Hotel- und Gaststättenverband e.V.
http://www.dehoga.de

Postanschrift:	D-10873 Berlin
Hausanschrift:	Am Weidendamm 1a D-10117 Berlin
Telefon:	+30 72 62 52–0
Fax:	+30 72 62 52–42
E-Mail:	info@dehoga.de

Angeschlossene Landesverbände:

Hotel- und Gaststättenverband DEHOGA Baden-Württemberg e.V.
Augustenstr. 6
D-70178 Stuttgart
Tel.: +7 11 619 88–0
Fax: +7 11 616 4 44
http://www.hogabw.de

Bayerischer Hotel- und Gaststättenverband e.V. (BHG)
Türkenstr. 7
D-80333 München
Tel.: +89 28 76 0–0
Fax: +89 28 76 0–1 11
http://www.bhg-online.de

Hotel- und Gaststättenverband Berlin und Umgebung e.V.
Mehringdamm 48
D-10961 Berlin
Tel.: +3 31 80 48–0
Fax: +3 31 80 48–28
http://www.hoga-berlin.com

Hotel- und Gaststättenverband Brandenburg e.V.
Zum Jagenstein 3
D-14478 Potsdam
Tel.: +3 31 86 23 68
Fax: +3 31 86 23 8 11
http://www.hoga-brandenburg.de

DEHOGA Landesverband Bremen e.V.
Hinter dem Schütting 8
D-28195 Bremen
Tel.: +4 2133 59 0–0
Fax: +4 2132 44 73
http://www.dehoga-bremen.de

DEHOGA Hamburg Hotel- und Gaststättenverband Hamburg e.V.
Hallerstr. 22
D-20146 Hamburg
Tel.: +40 41 34 30–6
Fax: +40 41.34 30–88
http://www.dehoga-hamburg.de

Hotel- und Gaststättenverband Hessen e.V.
Auguste-Viktoria-Str. 6
D-65185 Wiesbaden
Tel.: +6 11 99 20 1–0
Fax: +6 11 99 20 1–22
http://www.hoga-hessen.de

Hotelverband Deutschland e.V. (IHA)
Kronprinzenstr. 37
D-53173 Bonn
Tel.: +2 28 65 50 40
Fax: +2 28 53 62 01
http://www.hotelverband.de

Am Weidendamm 1a
D 10117 Berlin
Tel.: +30 59 00 99 69–0
Fax: +30 59 00 99 69–9

Deutscher Hotel- und Gaststättenverband DEHOGA Lippe e.V.
Leopoldstr. 38
D 32756 Detmold
Tel.: +52 31 22 4 33
Fax: +52 31 39 2 75
http://www.wirte-verein.de

DEHOGA Mecklenburg-Vorpommern e.V. Deutscher Hotel- und Gaststättenverband
Landesverband Mecklenburg-Vorpommern
Grüne Straße 12
D-19055 Schwerin
Tel.: +3 85 59 25 5–0
Fax: +3 85 59 25 20
http://www.hoga-mv.de

DEHOGA Landesverband Niedersachsen e.V.
Yorckstr. 3
D-30161 Hannover
Tel.: +5 11 33 70 6–0
Fax: +5 11 33 70 6–29

http://www.dehoga-niedersachsen.de
DEHOGA Gastgewerbe NRW, Hotel- und Gaststättenverband Nordrhein-Westfalen e.V.
Liesegangstr. 22
D-40211 Düsseldorf
Postanschrift: Postfach 24 01 63
D-40090 Düsseldorf
Tel.: +2 11 17 87 1–0
Fax: +2 11 17 87 1–29
http://www.gastgewerbe-nrw.de

DEHOGA Rheinland-Pfalz, Landesverband Hotel- und Gaststättengewerbe e.V. Mainz
Postfach 2929
D 55019 Mainz
Tel.: +7 00 46 42 757
Fax: +6 31 14 112
E-Mail: info@dehoga-rlp.de
http://www.dehoga-rlp.de

Richard-Wagner-Str. 20–22
D-67655 Kaiserslautern
Tel.: +6 31 14 167
Fax: +6 31 14 112

DEHOGA Saarland, Hotel- und Gaststättenverband Saarland e.V.
Feldmannstr. 26
D-66119 Saarbrücken
Tel.: +681. 554 93
Fax: +681. 523 26
http://www.dehogasaar.de

Hotel- und Gaststättenverband Sachsen e.V. (DEHOGA Sachsen e.V.)
Tharandter Str. 5
D-01159 Dresden
Tel.: +3 51 42 89 810
Fax: +3 51 42 89 828
http://www.dehoga-sachsen.de

DEHOGA – Landesverband Sachsen-Anhalt e.V.
Kantstr. 3 (CityCarre)
D-39104 Magdeburg
Tel.: +3 91 56 17 193
Fax: +3 91 56 17 194
http://www.dehoga-sachsen-anhalt.de

Hotel- und Gaststättenverband DEHOGA Schleswig-Holstein e.V.
Hamburger Chaussee 349
D-24113 Kiel
Tel.: +4 31 65 18 66/67
Fax: +4 31 65 18 68
http://www.dehoga-sh.de

Thüringer Hotel- und Gaststättenverband e.V. (THÜHOGA)
Futterstr. 14
D-99084 Erfurt
Tel.: +3 61 59 07 8–0
Fax: +3 61 59 07 8–10
http://www.thuehoga.de

Bundesverband Schnellgastronomie und Imbissbetriebe e.V.
Klettenberggürtel 51
D-50939 Köln
Tel.: +2 21 46 10 20
Fax: +2 21 46 58 82

Notizen

Notizen

Notizen

Notizen